作家という生き方

本田健
櫻井秀勲

きずな出版

はじめに――

「作家という生き方」が新しい人生の扉を開く

本田　健

この本を手に取ってくださったことに、心から感謝します。

「作家」という生き方に興味を持ったり、本を読むことが楽しいと思っているからこそ、あなたは今、このページを読んでいるのだと思います。

YouTubeやSNSなど、他に時間を使う対象はいっぱいあるのに、本を読んでいるあなたは、本好きなのでしょう。私も本が大好きなので、とっても嬉しいです。そんなあなたも、いまは読む側かもしれませんが、いずれ、書く側にまわってくるかもしれませんね。

この本を書き始めてから、改めて「作家という生き方とは何か？」について考えました。

正直にいうと、この本は、まず私自身が読みたかった本でもあります。

私は子どもの頃から本が大好きで、「作家」という生き方に、密《ひそ》かな憧れを持っていました。あなたも同じだったら、ちょっと嬉しいです。

私は、文学部出身でもなく、文章が特別うまいわけでもなく、出版界に知り合いがいるわけでもなかったので、「作家」は遠い存在でした。

そんな私が作家としての第一歩を踏み出せたのは、すでに作家デビューしていた親友の望月俊孝が、熱い言葉で背中を押してくれたからです。ふだん温厚な彼が、「健の考えは、もっと多くの人に知ってもらうべきだ」と強い口調ですすめてくれたのをきっかけに、文章を書いてみました。その後、恐る恐る書いたものを見せたら、「すごくよかったよ‼」という優しい言葉をかけてくれました。それから、やる気になって、文章を本格的に書き始めました。それを小冊子にまとめて自費出版し、無料でプレゼントすることを始めました。数カ月後、それがある編集者の目にとまり、出版につながったのです。

思えば、恐る恐る書き始めたことが、小さな一歩になりました。あの一歩を踏み出していなければ、作家にはならなかったでしょう。

本を出版し、作家と呼ばれるようになって、20年以上の月日が経《た》ちました。

その間に１００冊以上の著書を出版し、累計発行部数は９００万部近くになります。

また、２０１９年には、アメリカのSimon & Schuster社から英語での書き下ろし『happy money』を出版しました。現在、それは、34言語に翻訳されて、世界50カ国以上の本屋さんに並んでいます。

同時に私のYouTubeの動画が、日本だけでなく世界で数千万回見られるようになったおかげで、海外の空港やカフェでも、声をかけられるようになりました。私の本を読んで、すごい癒《いや》しが起きて、家族の絆が深まったという体験を、涙ながらに分かち合ってくれた人もいました。そんなとき、「作家という仕事は、単に本を書くだけではないのだなぁ」と感じます。


本を書くことは、作家にとっては、自分自身を見つめ直し、成長させる旅のようなものです。自分の情熱から生み出された作品が、読者の人生に大きな影響を与えます。

その本の影響を受けるのは、読者だけではありません。本を通して読者と深いつながりができたおかげで、作家自身の人生も、信じられないぐらい豊かに、楽しいものになるのです。私はそれを、身をもって体験しています。

この本では、共著者である櫻井秀勲《ひでのり》さんと私の二人の視点から、「作家という生き方」の魅力や挑戦、そして可能性をお伝えしていきます。ここで、ふだん「櫻井先生」とお呼びしている私の師匠の櫻井秀勲さんについて少し紹介させてください。

櫻井先生は、この本が出版される2025年3月で94歳になります。まさに日本出版界の「生きる伝説」だといえます。大学を卒業して光文社に入社して以来、70年以上にわたり出版業界に貢献されてきたわけです。これだけでも、ギネスに載るのではないかと思うほどです。

大衆文芸誌に配属された後、創刊されたばかりの「女性自身」に異動されて、なんと週刊誌の編集長としては最年少の、31歳の若さで編集長に就任、毎週100万部（最高146万8千部）の雑誌に育て上げました。この間、川端康成、三島由紀夫、松本清張といった日本文学の巨匠たちと直接仕事もされています。

54歳で独立されてからは、作家として220冊以上の著作を出版し、82歳で「きずな出版」を立ち上げました。いまも現役で社長として活躍されるそのエネルギーには、驚きとともに尊敬の念を抱かずにはいられません。

そういう伝説的な存在の方に、作家という生き方について教えを乞うような感じで、お話をうかがいました。形は共著になっていますが、出版界の神様が、弟子《でし》にこういうことがあったよ、作家になるなら、ここに気をつけなさいと、優しく教えを授けている内容になっています。

本書は、作家という生き方に興味がある人、作家を目指す人だけでなく、「自分のことをどう伝えたらいいいか」について、日々悩んでいる人にも役に立つでしょう。

文章を書くのに、特別な才能や準備は必要ありません。

ただ、「書きたい」という気持ちのままに、文章を書き続ければいいのです。

あなたが作家にならなかったとしても、自分の物語をまわりと分かち合う才能は、どんな生き方をしていても役に立つと思います。あなたが、父親、母親として子どもと接するときも、自分の子どもの頃の話をしてあげるだけで、グッと説得力が増すし、尊敬もしてくれるかもしれません。それは、部下に対するとき、仕事関係者、お客さんと接するときも同じでしょう。

上手に自分の物語を語ることができれば、きっと、これまでよりも、あなたのまわりの人は親近感を感じてくれ、好きになってくれるはずです。

あなたがこの本を手に取っていることは、偶然ではないと、私は考えています。

この本の中にあるいずれかの文章が、あなたの今後の人生の方向性を少し変える可能性があります。何か感じるものがあったら、ぜひ時間をとって、メモをとってください。気づきを紙に書いてください。

ちょっとした気づきが、今後のあなたの人生を楽しいものにしてくれます。

さあ、では一緒に「作家」の世界へ旅しましょう。

ベストセラー作家の会議で訪れた　メキシコのリゾートホテルにて

作家という生き方

—目次—

第1章

「作家になりたい」を叶える最初の一歩

第2章

成功する作家、消える作家

――運命を分ける分岐点

第3章

書くだけでは成功しない！作家に必要な器と資質

第4章

読者の心をつかむ

――共感と信頼を生む言葉の力

第5章

デジタル時代に広がる作家の可能性

第6章

作家の挑戦と成長

――過去から未来への道しるべ

第7章

新たな物語を生む準備
――次のテーマをどう見つけるか

作家という生き方

第1章

「作家になりたい」を叶える最初の一歩

□□

「作家になる」という夢を現実にするために…………本田 健

「作家になる」という夢を持っている人はたくさんいます。でも、実際にその夢を実現する人はそこまでいません。それは、「自分には才能がない」「時間がない」「何を書くべきかわからない」「作家は特別な存在」といった思い込みが邪魔するからでしょう。

作家になるために、特別な文章の才能は必要ありません。もし、必要ものがあるとしたら、それは「書きたい」「表現したい」という情熱です。もし作家になりたいと思うなら、「なぜ自分は書きたいのか？」を考えると同時に、どれくらいやりたいかを考えてみましょう。

たとえば、自分の経験を記録したい、人に教えてあげたいという思いが、作家としての原動力になります。私自身、「お金との関係をよくしたい人を癒してあげたい」という熱い思いが、自分を突き動かしました。

ちょっと書きたいぐらいの情熱では、人の心を打つことはありません。異常な熱量を持って原稿を書く人だけが、作家になれるのです。

執筆は、自分を深く見つめていく旅のようなものです。最初の一歩は小さくてもかまいません。情熱を持って歩み出すことで、作家という夢を現実にする扉が開くと思っています。

ところで、櫻井先生が初めて「原稿」を書いたのはいつだったんですか？

人に読んでいただく経験が作家をつくる……櫻井秀勲

もともと私は作家志望で、小説を書き始めたのは、大学2年生のときでした。悲惨な戦争が終わって5年ほど経っていました。この間、疎開先の千葉県の高校に通っていましたが、占領軍の米兵と少しでもコンタクトをとるべく、英会話の勉強と、学校の図書館から借り出した小説を読みふけってばかりいました。

一つには、14歳のとき、神奈川県の芦之湯温泉で知り合った作家と覚しき人物から、「出版社という仕事がある」といわれた一言が、私の耳に残っていたからかもしれません。

小説というものは、読んでいくと好きな作家の作品が出てくるもので、たとえば高校生時代の私の場合は、ロシアのトルストイ、チェホフ、ツルゲーネフの3人がお気に入りでした。当時の日本の作家の作品は、まだ戦争ものが多く、軍隊を知らない少年には、それほど興味が湧きませんでした。

そんな私が、自分で小説を書いてみたのは20歳のときで、この頃には歴史小説、時代小説なら自分でも書けるのではないか？　と勝手な自信を持っていたようです。

そんな自信から仲間をつくり、まず「作家群」という同人雑誌を出すことを決めたのです。ここが大事なところで、もし一人で小説をコツコツ書いていったら、たちまち自信を失い、作家への夢は雲散霧消してしまったでしょう。

近頃は、小説・マンガ・アニメ・ゲーム関連の同人誌即売会が、日本各地で開かれていますが、「作家」「マンガ家」を目指したいと思う人には、ぜひ参加してみることをオススメします。読者に読まれるか、買われるかは、出品してみないとわかりません。

でも、それはどうでもよいことです。

大事なのは、書いた作品を大勢の目に触れさせる、ということです。よしんば、いい評判にならなくても、「書いた！　読んでいただいた！」という経験を持つことができたら、それによって、自分の中に「作家」という位置がつくられていくのです。

同人誌を発行して、自分の作品を何作も書いていくことで、なんと！「新潮」の同人誌評に載ったのです！　それはそれは小さな評でしたが、私には大きな自信になりました。

ところで、私が同人誌で小説を書いていた頃、私よりレベルが高いと、同人のあいだでは思われていた男が、一度も同人誌評に載らなかったことで、途中で、筆を折って（書くのをやめて）しまった、ということがありました。

そんなふうに、作家としての人生をあきらめてしまった人を、私はその後の編集者生活で何人も見ていますが、今、作家を目指す人に私からアドバイスするなら、絶対あきらめないことです。才能がありながら、途中で書くのをやめてしまう人のなんと多いことか！

私は編集者になってから、新人作家とつき合うようになりましたが、あきらめないタイプこそが、作家として生き残れると断言できるほどです。

その意味で、本田さんがいわれた「書きたい」という気持ちを、どれだけ維持できるかということが、作家としての運命を決めていきます。

02 書きたい気持ちを形にするには何が必要か？…………本田 健

「書きたい」という熱い思いを形にして、その熱量を維持《いじ》していくには、なぜ自分は書きたいのかを考える必要があると思います。

私が本を書くきっかけは、先ほども話しましたが、「お金で苦しむ人を助けてあげたい」という熱い思いがあるからです。

「仕事はつらいもの、好きなことを仕事にするなどできない」「お金持ちになったら不幸になる」――そういう観念を持って生きている人たちに、言いたかったことがあります。

「お金を払ってでもしたいことを仕事にしよう」「お金についての正しい知識を持てば、人生が激変する」「お金から自由になれば、子どもや大切な人と、時間を過ごすことができる」

そういう心からの願いを文章にしていったのです。

一般の人にとっては、そんなに熱い思いはないなと思うかもしれません。また「一冊の本を書く」ことを目標にしてしまうと、それが大きすぎて、圧倒されてしまうかもしれません。だから最初は、短い文章やアイデアを書き留めることから始めればいいと思います。ブログやSNSでの投稿は、とてもいい練習になります。小さな一歩が積み重なり、それがやがて一冊の本の分量になります。

毎日10分でも「書く時間」を持つと、自然と文章量は増えていきます。私自身も、忙しいスケジュールの中で、一日の間、細切れの数分ずつを執筆時間に当てています。

最初から完璧な文章を目指さないことも、原稿を書いていく上では大切です。第一稿は未完成で構いません。まずは思いつくままに書き始め、その後に見直していけばいいわけです。

「自分が書く文章が、誰かの役に立ってほしい」という祈りにも似た気持ちで、書き続けること。それが、自分にしか書けないメッセージになっていくのではないでしょうか。

では、そうした作家としての思いを持って書き始めたとして、実際に作家になるにはどうしたらいいのか、ということが次の課題になりますね。

公募《こうぼ》と出版コンテストで作家への扉を開く……櫻井秀勲

原稿を書いても、それを、どうしたら「本」という形にできるのか、ということですが、その足がかりの一つが、懸賞小説や新人賞に応募することです。これは、昔からある伝統的な方法ですが、いまもなお数多くの作家が、このルートを通じてデビューしています。

作家の三浦綾子さんも、その一人でした。

１９６４年に、朝日新聞社が開催した懸賞小説に応募しました。当時、破格の賞金１０００万円も話題となって、応募総数は７万通にも達したといわれています。

その懸賞に三浦さんは、「赦《ゆる》し」という普遍的なテーマを描いた『氷点』で応募、見事、最優秀賞に輝いたのです。このとき、三浦さんは、北海道の旭川に住む、一主婦でした。

そのことでも話題となり、一躍脚光《いちやくきゃっこう》を浴《あ》びることになります。『氷点』では、養女をめぐる複雑な人間関係が描かれていますが、その根底には「人はどこまで他者を許せるのか？」という深い問いが流れています。戦後日本が新しい倫理観を模索していた時期に、このテーマは社会的なインパクトをもたらしました。その結果、『氷点』は新聞連載を経て単行本化され、さらに映画化・舞台化もされるなど、大ヒット作となりました。

私は「女性自身」の編集長になったばかりでしたが、三浦さんの受賞の報せを聞いて、すぐに旭川に飛んでいきました。ご主人の光世さんとあたたかく迎えてくださったのを、昨日のことのように思い出します。

三浦綾子さんは、受賞後も次々と作品を出されて、人気作家となりましたが、これはできそうで、なかなかできないことです。

大きな賞をとるというのは、まさに運がよかったということはありますが、「運」に偶々《たまたま》はありません。それにふさわしい人が、そのチャンスをつかむのです。

時代が変わっても、「作家の登竜門」といわれるような公募は、いまも存在します。

作家を目指すなら、まずは、そうした公募に応募することです。たとえ最優秀とはならなくても、「佳作《かさく》」に選ばれたら、その人は才能あり、と見ていいでしょう。それに選ばれなかったとしても、回を重ねていくことです。自分の力がどれほどかを知るためにも、何度でも応募してみることが大事なのです。

きずな出版でも、今年2025年1月に、「きずなの出版コンテスト」をスタートしました。本田さんにも特別審査員になっていただいて、この本が出る3月に、第1回の結果発表となります。

作家デビューを実現する3つのルート……本田 健

「きずなの出版コンテスト」は、応募すると一般公開され、読者は自分がよいと思う作品に投票できます。その票の獲得総数ベスト10から、最優秀賞が決まり、出版の道が開けるというもので、その審査員として、一人の作家の誕生に立ち会えるのは嬉しいし、楽しみです。

作家を目指す人にとっては、これに応募しない手はありません。

原稿を書いても、すぐに出版社の人とコンタクトがとれるというわけにはいかないでしょう。でも、こうしたコンテストに応募すれば、それが叶うわけです。櫻井先生がいわれる通り、たとえ入賞とはならなくても、それが作家への足がかりになるということは、十分あります。

作家デビューの夢を叶えるには、こうした出版コンテストや懸賞小説などに応募するというのは、一つの有効な方法です。

別の方法として、最近では、ブログやメルマガ、SNSなどで自分の作品を配信して、それが編集者の目にとまり、出版への道が開かれるということもあります。共感を呼ぶ文章や、時代の流れに合ったテーマで発信することで、出版社側から「ぜひ書籍にしませんか?」とオファーがくるかもしれません。

たとえば、「仕事術」「お金の知識」「育児・教育」「ライフスタイル」「自己啓発」などのテーマは、いまの読者ニーズが高い分野です。

自分の考えや経験をブログやSNSで発信して、それがフォロワーのあいだで話題になれば、自然と編集者の目にとまる可能性が高まります。実際、多くの人気作家がそうして、自分のブランドを確立してきました。

もう一つの方法は、編集者や出版社に直接アプローチすることです。これは昔ながらのやり方ですが、いまでも有効です。

具体的には、

- 完成した原稿を出版社の編集部宛に送る
- 企画書を作成して持ち込む
- 出版イベントやセミナーに参加して編集者と交流を持つ

ということがあります。

特に、書店イベントや出版セミナーで編集者とつながることは大きなチャンスになります。私のセミナーには、編集者や出版コンサルタントの方々も参加してくれることが多いのですが、そこでの出会いから、出版が決まったということもありました。

「本田健さんのセミナーで出会って、つき合うようになりました！」「結婚しました！」というカップルも少なくないのですが、作家と編集者の出会いは、恋愛や結婚の出会いと同じようなものかもしれませんね。

□□「作家」と「編集者」の違いと、その関係…………櫻井秀勲

作家が原稿を書いていくとき、編集者の存在というのは大きいものだと思っています。

「きずなの出版コンテスト」は、企画を募集するもので、まだ原稿はすべて書かれていなくてもいいのです。一冊の本になる原稿を書くというのは、それなりのスキルを要します。

実際に書いてみると、「書けない」という人は案外、多いのです。

このコンテストに入賞すると、原稿執筆には、きずな出版の編集者がサポートします。

出版業界は長く不況が続いていますが、それを打破するには、力のある作家の登場が不

可欠です。作家は編集者によって育ち、成長していくものです。「きずなの出版コンテスト」の目的は、才能ある作家を見出し、その才能を世の中に生かしていくことにあります。作家の伝えたい思い、考えを「本」として出版することで、読者の人生が変わる。「本」には、そういう力があると信じています。

前でお話しした通り、私は作家志望でしたが、結局、大学を出て出版社に入り、編集者になりました。編集者も作家も本に関わる仕事ですが、ここで、編集者と作家の違いを読者のみなさんに教えておきましょう。

一言でいうなら、それは、ラーメンの食べ手と作り手の違いといえるかもしれません。

編集者は作者の書いた作品を、面白い（おいしい）かどうかをじっくり味わう立場です。

作家は一冊分、何万字という原稿を、じっくり書いていくわけですが、ラーメンの場合でもそうですが、毎回毎回、いつもおいしく出来上がるとは限りません。

そんなとき編集者は、作家の気分が落ち込まないように、「よく書けていますね」とはいいますが、「これは名作ですよ。涙が出るほどの傑作ですね！」とは、なかなかいわないものです。

でも、作家にとって編集者の励ましは、どれほど力になるかわかりません。

ところで、私は編集者になって、当時、芥川賞をとったばかりの松本清張先生の担当に、自ら望んでなりましたが、先生は原稿を渡すと、必ず「面白いかね?」と私に、読語感を聞いてくるのです。

あの大作家の松本清張先生が、私に「面白い!」といってもらいたくて、毎週土曜日になると、「今夜の9時頃、来てくれるかね?」と電話をかけてくるのです。私は自分で何作か、小説を書いていただけに、他人の作品の良し悪しがよくわかったらしいのです。

清張さんはどの社の作品であろうと、その社の編集者の批評より、他社の編集者である私の批評を聞きたがったのです。これは清張さんの最初の作品を認めた編集者なので、「櫻井君の批評を聞けば、絶対間違いはない!」と心から思っていたからでした。

清張さんとは何十年もつき合いましたが、先生ほど「編集者の力を信じた」作家はいなかったでしょう。

この本の読者には、もうすでに、作品が社会に出まわっている方もいるでしょうし、まだこれから、という方も多いでしょう。もしこのあと成功する方がいるならば、最初の編集者、自分の才能をしっかり認めてくれた、最初の方を大事にすることです。

残念ながらそういう作家は数少ないもので、そうなると、スランプに陥ったときから、落ち目になってしまうのです。

私はもう一人、松本清張先生と一緒に、31歳で芥川賞を受賞した、五味康祐《ごみこうすけ》という剣豪物の作家の才能を認めています。

五味先生の「喪神《そうしん》」は、400字詰め原稿用紙30枚の、芥川賞受賞作品の中で、最も短い小説といわれています。こんな短い小説で、この日本最高の文学賞を取ったのかと、驚くかもしれません。

芥川賞作品として発表されて、その小説を読んだとき、これほどの美しい文章を書ける人がいるのかと、私はその才能に、自分の作家としての才能をあきらめたのです。

その年の春、光文社の大衆文芸誌「面白倶楽部」に配属されて、すぐに、その五味さんに原稿をお願いしました。芥川賞を取ったからといって、それですぐに人気作家になれるわけではありません。受賞後、そのまま消えてしまう作家も少なくありません。だから、五味さんにとっても、私は、自分の才能を認めてくれた初めての編集担当者だったのです。

1952年、『喪神』で芥川賞を受賞した頃の五味康祐
（毎日新聞社提供）

五味さんは私より10歳上で、のちに私が結婚するときの仲人でしたが、私に素晴らしい言葉を贈ってくれました。

他の誰よりも前（さき）に感動し
誰よりも前にさめてゐる
汝　編集に生きる友
五味康祐
櫻井秀勲様

まさにこの言葉は、作家と編集者の最高の関係を表しています。この書は今、きずな出版の壁に飾られていて、私はこれを見るたびに、編集者の大事な役目を思い起こすのですが、作家として生きる人には、ぜひ、担当編集者にこういう言葉を贈れるような仕事をしてほしいと思います。

02 書くことで人生が変わる——作家の原点…………本田 健

作家は、文章を書かないと生きていけない人種です。一日でも文章を書かないと、死んでしまうぐらい、つらくなってしまう人たちなのです。

「なぜ、文章を書きたいのか?」という問いに対する答えは、作家によって、全然違うと思います。文章を書くことで、毒のようなものを体から排出する感覚を持つ人もいれば、自分の中にある最も純粋な愛を、祈りを込めて、文章に注ぐ人もいます。

いずれにしろ、書くことは、作家にとって生きることそのものです。自分の思いを文章にしていく過程で、自分の感情や大切にしているものに気づく瞬間があります。過去の経験を振り返り、それを物語として紡《つむ》ぐことで、「自分は、何を大切にしているのか」「何を伝えたいのか」ということが、はっきりわかってきます。書く行為は、作家にとって自己発見のプロセスなのです。

本を出版することは、自分の経験や考えを通して、世間にメッセージを発信し、読者と対話する行為でもあります。同じ経験を持つ読者に勇気や希望を与えることができるのは、作家の言葉の力です。

「あなたの本のおかげで、前に進むことができた」「癒された」「悩みが減った」「家族と和解ができた」という声を聞くことは、作家にとって最高の喜びです。

また、「自分の作品を後世に残したい」という欲求を「書く」という形で実現するのは、作家の幸せです。本は、時代や国境を超えて多くの人に届きます。自分の書いた言葉が、未来の読者に影響を与え続けることを想像する作家は多いでしょう。それが、エゴと呼ばれても気にしなくてもいいのです。それぐらいの厚かましさを持っている人が、作家として成功するのでしょう。

02 プロの作家として生きるために必要なこと ………… 櫻井秀勲

いまは昔と違って、「作家」という言葉は、広く使われるようになってきました。以前は小説家、文学者に使われる表現でしたが、現在は文章を書く人、原稿を書く人は、すべて作家と呼ばれるようになりました。言い換えれば、誰でも一冊単行本を出せば、作家と呼ばれるようになるわけですが、それだけでは、一級の作家にはなれません。

堂々と作家と名乗れるようになるには、最低でも10冊は世に出すことです。10冊出せたら、世間が「作家」と認めてくれるでしょう。

作家と堂々と名乗れるように、10冊の中の1冊または2冊は、

「ああ、あの作品を書かれた方ですか！」

といわれるようなベストセラーを出すように、がんばりましょう。

私は編集者をいったん終えたあとに、225冊ほど、単行本を書いています。ただ、自分では「生涯一編集者」と思っています。この本の読者の中には、私から「作家講座」を受けた方もいらっしゃるでしょうし、そこから何人もの方が有名になっています。

初めて私の本を読む方もいらっしゃるでしょうが、ぜひともこの本の中のエッセンスを読み取っていただきたいのです。本田さんとの共著という珍しい形式だけに、作家からの

アドバイスと編集者からの基本を学んでください。この中には、作家として有名になるエッセンスが、たっぷり盛り込まれていることを保証しましょう。

□□ 作家の生き方は無限大——新しい可能性を探る……本田 健

櫻井先生がいわれたように、いまは「作家」のイメージ、条件というものも昔とは変わってきていると思います。

時代の流れで、人の生活が変わるように、作家の生活も変わったといえます。でも、作家の思いというのは、ひょっとしたら、昔も今も変わらないかもしれません。

作家というのは、普通と変わった感性を持って、ある種の信念を持って生きています。

作家としての生き方は、まさに無限大です。本を出版するだけでなく、ブログやSNSで発信を続けながら作家活動をする人もいれば、講演やオンラインサロンを通じて読者と直接交流する作家もいます。また、小説、エッセイ、ビジネス書、絵本、シナリオなど、ジャンルの垣根を超えて活動することも可能です。

大切なのは「どのように書くか」ではなく、「何を伝えたいのか」ということではないでしょうか。表現の手段が多様化しているいまこそ、自分なりの作家としての道を自由に切り拓いていくことができる時代です。

作家にとって、成功の形は一つではありません。それぞれの生き方に合った作家活動を選びながら、自分だけのスタイルを見つけていくことが、長く活躍し続ける秘訣ではないかと思います。

作家には、どんな才能が必要で、どんな性格の人が向いているかなど、70年の経験をお持ちの櫻井先生にいろいろとうかがいたいと思います。いったん成功しても、途中でダメになった作家とか、ちょっと怖いですが、先生にお願いしたいです。

これからの時代に、作家になれる人と、なれない人の違いはどこにあるのか。この章の終わりに、櫻井先生ともう少し、お話をしてみたいと思います。

第1章の終わりに［もう一言対談］

作家になれる人と、なれない人の違いとは？

本田　第1章では「作家」とはどういう人なのかということをお話ししてきましたが、改めて、作家になれる人、なれない人について、櫻井先生にお話をうかがいます。作家になる人というのは、自分の中に熱い思いがあって、どうしてもこれを世の中に伝えなければいけない、という使命感にも似たようなものを持っている感じがします。それが正しいかどうかはともかく、とにかくこれを伝えなくちゃいけないんだ、という狂気にも近いような熱い思いを持っている人。それを遠慮なく出してしまえるのが作家の特徴だと私は考えます。

櫻井　そう、作家には遠慮がありません。少なくとも、「書くこと」「書くとき」に遠慮していたら何も書けません。本田さんがいわれる通り、書きたいことがあって、それを書く使命が自分にはあると思うから、文章を書く。それが作家だし、作家は、そうあるべきだと思うのですが、いまの作家というのは、そうはなっている人は少ないと感じています。

本田 それについて私が思うのは、話し上手な人、社交上手な人、あるいは仕事をバリバリやっている人は、エネルギーがそちらに漏れてしまいます。作家は、そういった回路をすべて断ち切って、文章一本に絞って、エネルギーをぶつけていく、爆発させます。そういうちょっと世間的には不器用で、変わった人が作家として成功できるのではないでしょうか。

櫻井 その通りですね。そこまでエネルギーをぶつけていけないから、たとえ一時は一冊二冊の本は出せても、そのあとが続かない、ということはあると思います。

本田 自分のことを振り返ってみると、私は本流の作家という生き方からは大きく外れたタイプだと、自分のことを分析して思います。自己表現の回路として、文章だけではなくセミナーとか、YouTubeとか他に表現する方法を持っているからです。けれども、狂気のような熱い思いというのは持っているという点では、他の作家の人たちと似ているかもしれません。世界中の人が、お金と幸せにつき合えたらいいのに、と心から思うからです。

文芸の作家とビジネス作家によっても変わりますが、いずれにしても自分の思っているメッセージ性、世界観というのはその作家の特徴だと思います。

櫻井 それがなければ作家になりきることはできないでしょうね。

ただ、最近の作家のほとんどが、本気で有名作家、大作家になろうと思っていないところが残念だと思っているんです。

本文でも触れましたが、「作家」という言葉が昔と違ってきたために、作家そのものの仕事が余技になってきている。どちらかというと、「作家」というネーミングが欲しいだけの人が多いように思います。私はそれが残念でなりません。

たとえばビジネス書でも人生論でも、自分がやってきたこと、思っていることを、作家のテクニックを使って、人に読んでいただくかたちにする。「人に読んでほしい」という思いがそこにあるわけです。

本田 はい。たとえば、テーマを選ぶときも、家族愛について、あるいは人生の虚しさについて、愛の儚さについて、作品を通して、作家はメッセージを発信します。すべての作品を通して、お金の大切さ、時間の大切さ、人間関係の大切さ、健康の大切さなどを伝えたいのです。

櫻井 ところが最近は、そういう思いよりも、自分はこんなふうに成功した、うまくいったということを広めたい「宣伝マン」になっている人が圧倒的に多くなっているように感じます。

本田 その本がどのジャンルかによっても違うと思いますが、ちなみに、ポジティブなことを伝えたい人は、ビジネス書、実用書の著者に向いているでしょう。悲しみ、葛藤、苦しみなど、ネガティブなことを伝えたい人は、文芸に向いているのかもしれません。

櫻井 それは鋭い分析ですね。その通りだと思います。

本田 ありがとうございます。いずれにしても、そういう感じで、自分の伝えたい世界、それを形にしていくのが作家です。

ただバラ色のことだけを描いていて、人が喜ぶわけではありません。どちらかというと、醜悪なもの、見たくないもの、嫉妬、憎しみ、あるいは誰かに対する激しい怒り、社会に対する絶望感、そういったものを表現することが作家として大切な仕事になってきます。

櫻井　それを書ける作家が少なくなった、いなくなったと感じています。文芸性が衰えてきてしまっているために、自分が経験したこと、誰かが経験したことしか書けないということが起きています。もちろん、そのことが悪いわけではありません。ただ小説家のレベルでいうならばまだ初級の段階で、それでは、その上の作品にはならないでしょう。

それはともかく、私がいいたいのは、小説家を目指すならば、絶望感、人間の限界というようなものも書く人が出てほしいということなんです。

ネガティブなことを伝えたい人は文芸に向いていると本田さんがいわれましたが、それを書ける人が文芸の世界でも減っています。

時代が変わって、そういうものは必要とされていないのかというと、そうではないと私は思っています。これからの時代、絶望感に打ちひしがれるようなことが多くなっていくでしょう。それに苦しむ人たちに向けたメッセージが必要なのです。

本田　多くの人が、そういった感情を感じつつも、なんとかごまかして生活していると思います。作家は、社会の中に流れている絶望感のような空気感を巧みにすくい取って、それを言語化するのが仕事です。そういう社会の中にある絶望感、悲しみ、怒り、フラストレーションなどと24時間向き合わなくてはいけないので、本人や家族はたまったものではありません。よほどメンタルが強い人、ストレスを上手に受け流す技術を身につけた人でなければ、数作で燃え尽きてしまうのは当然です。有名になった作家の中に、メンタルの調子を崩し、自分で命を断ってしまう人がいるのも、それが理由でしょう。

逆に、数十年作家をやっている人は、自分のメンタルを上手に管理する方法を身につけた人です。そうでなければ、3年以上執筆生活をするというのは難しいのではないでしょうか。いってみれば、短距離走を延々、何回も走り続けるようなメンタルタフネスが作家に求められているわけです。誰かが作家になりたいといったら、「やめておいたほうがいいですよ」と冗談交じりに私が答えるのは、そのためです。

櫻井　たしかに。でも、それでも書かずにはいられないのが「作家」なんですね。

第2章

成功する作家、消える作家

運命を分ける分岐点

□□

作家として生き残るために欠かせない力とは？………本田 健

作家という職業には、魅力的なことがいっぱいありますが、同時に厳しい現実もあります。

自分が書いた作品がヒットしたとしても、一生安定した作家人生が保証されるわけではありません。読者の興味や時代の流れに合わせて、ヒット作品を世の中に出し続けなければいけません。

特に現在の出版業界では、これまで以上に多様なテーマが求められています。小説やエッセイに限らず、ビジネス書や実用書、さらにはマンガやデジタルコンテンツまで、作家にとっての舞台は広がり続けています。その中で、どうすれば作家としての存在感を保ちながら、時代に合った作品を生み出し続けられるのでしょうか。

私自身、これまで多くの本を書いてきましたが、最も痛感するのは、「ただ書く」だけでは作家として生きていけないということです。作品を生み出すには、テーマの選び方や読者への伝え方、そして自身の視点を絶えず磨き続けなければいけません。それができなければ、作家として消えるだけです。ほとんどの作家は、そうやって消えていきます。

前の章で櫻井先生は、作家に大切なのは「あきらめないこと」だといわれましたが、この章では、さらに具体的に、成功する作家と、消えていく作家について考えていきましょう。

櫻井先生、作家としての寿命を延ばすために、何かできることはありますか?

□□ 色川武大と阿佐田哲也——筆名で作品を書き分けた作家…………櫻井秀勲

「作家の寿命」は、書かなくなったときに終わります。

逆に言えば、書き続ける限り、作家としての人生は続くのです。

そう考えたときに、たとえば筆名を二つ持てば、二倍の作品を書くことができます。

私の編集同期生に、色川武大《たけひろ》という男がいました。父親が軍人として少将という高い位置にいたため、敗戦になっても家庭で威張り散らしているのがイヤで、私に「家を出て下宿に暮らしているので遊びに来てくれ」と誘ってくれました。

私が光文社の「面白倶楽部」という大衆小説誌に配属され、彼は別の会社の「小説倶楽部」という、似たような雑誌の編集者だったのですが、同時期に佃公彦《つくだきみひこ》というマンガ家に目をつけ、偶然、佃さんの家でめぐり合ったことで、彼とは死ぬまで親しくつき合ったのでした。

彼が父親と暮らしていた頃、家に帰るのがイヤで、いつも麻雀を打っていました。それで麻雀の腕はプロ級で、私も誘われて一回だけ卓を囲んだことがありましたが、

「櫻井に麻雀はムリだ。絶対打つな」

と釘《くぎ》を刺されました。

私は熱くなりがちで、勝負となると勝ちにこだわりますが、そんな男が下手な麻雀をしたら、負け込んでいくのは目に見えています。こういう友人こそ親友というべきで、おかげで私はその後、麻雀で身を持ち崩さずに済んだのです。

前振りが長くなってしまいましたが、この色川武大は編集者から、後に作家となって、1978年、49歳のとき、『離婚』で直木賞をとります。それ以前から、別名、阿佐田哲也として人気シリーズ『麻雀放浪記』を出していました。彼は編集者になるまで、アウトローな生活をしていて、その経験が『麻雀放浪記』を書かせたわけです。

色川武大としては現代小説を、阿佐田哲也としては麻雀小説を、そして、さらに、じつは井上志摩夫の筆名では時代小説を書いて、いずれも人気シリーズとなっています。

色川は、ほかにも筆名、ペンネームを持っていましたが、それらの名前を使って、作品を書き分けたわけです。それだけの才能があったということですが、これを「生き残る作家」ということで考えると、うまい戦略だと私は思います。

色川が複数のペンネームを持ったのは、編集者的視点で、作品のジャンル別に名前を持つことで、作家として、より自由に書くことができると考えたのでしょう。

阿佐田哲也という名前なら、書けるのは麻雀小説だけです。色川武大の名前では麻雀小説を書いても、ヒットしないかもしれません。それは読者が違うからです。

色川は、その意味で、ブランド戦略に長けていたともいえます。

1978年、『離婚』で直木賞を受賞した色川武大（右）
同日、芥川賞を受賞した高橋三千綱と一緒に
（毎日新聞社提供）

□□ 成功する作家に必要なブランディング力……本田 健

どんなに素晴らしい作品を書いても、売れ続けなければ作家としてのキャリアは終わってしまいます。作家にとって、ブランディングは、大事な要素です。

たとえば、「ペンネーム」をどうするのか、というのは、たしかにブランディングには大切な要素で、色川武大先生が、50年以上前から、それを意識されていたというのは面白いですね。

ブランディングとは、読者がその作家に期待する価値や一貫性を示すものです。作家としての独自性や魅力を発信し、記憶に残る存在になるためには、この「見せ方」を戦略的に考える必要があります。

まず、作家のブランドは「その人が何を伝える存在か」を読者に明確に伝えることから始まります。特定のテーマを一貫して発信することが鍵になります。

私自身、これまで「お金と幸せ」というテーマを軸に活動してきました。この一貫性が、読者に「本田健の本を読めば、自分の人生に新たな気づきを得られる」という期待感を生む要因になっています。

ブランディングのためには、自分の「得意分野」を見極めることです。誰よりも詳しい知識やユニークな視点を持っている分野を深掘りすることが、作家としての基盤を築きます。

広く浅く手を出すよりも、専門性を高めることで、「そのテーマならこの作家」と思われる存在になれるのです。また、専門性を確立する過程で、自分の個性を活かした切り口を見つけることで、読者の心に響くブランドができます。

作家のブランディングは、一朝一夕で築けません。一貫したテーマを持ち、誠実に作品を届けることで、少しずつ読者に認知され、信頼されるようになると思います。

先生は、専門性に関して、どう考えてらっしゃいますか？

専門性が読者を惹きつける武器になる……櫻井秀勲

本田さんがいわれる通り、専門性を高めることは作家になる近道です。

いや、近道というより、それが王道です。

作家が成功するためには、自らの専門分野を深掘りし、その道の第一人者として認識される必要があります。私の場合、長年にわたる女性誌の編集経験がその基盤となりました。この経験を通じて、女性心理への理解を深めた結果、作家としての軸を築くことができたのです。専門性は、作家が読者の信頼を得る上で欠かせない要素です。

これが古い作家（小説家）ならば、たとえば麻雀のプロにならなくても、それを研究することによって、名人の記録や伝記を書くことができます。これが従来型の作家、あるいは時代小説作家です。

ところが、いまは新しい作家像に変化しています。つまり自分自身の人生を書く人が増えてきたことにより、自分自身が、その道の第一人者にならないと、作品が売れるものにならないのです。

その日の暮らしに困っている人が、「億万長者になる法」という一冊を書いても、誰も買ってくれないでしょう。いや、どの出版社でも出してくれません。ここをしっかりと知ってほしいのです。

自分にはどういうテーマがあるのか？ どういう内容なら、大勢の読者が買ってくれるのか？ まず自分自身の特徴や専門性を知ることが先決です。

私は28歳から55歳までの27年間、女性誌の編集に携わりました。これによって女性心理のプロになれたのです。さらにこの中の24年間は、編集長を務めていました。こうなると、私自身が女性ではないか？ と思ってしまうほど、女性心理に詳《くわ》しくなっていったのです。

本田さんは、お金の専門家として、いまや第一人者の地位を確立しています。

こうなると、どこの出版社でも「櫻井さんには女性心理を！」「本田さんにはお金の本を！」と、注文が殺到します。作家として生きていくには、このように出版社から依頼が殺到する専門分野を持っていることが大切です。

もしそういう分野がなければ――

❶ライターとして他人の本を書く
❷編集プロダクションをつくってベストセラーを出していく

こういった形で、本の世界と関わっていくのはどうでしょうか？　企画力に勝っている方なら、むしろこの路線で大成功すると思います。

出版社の編集者の方々の中には、途中で路線を変更して、この道を進む人がいますが、文章をしっかり書ける人、インタビュー好きの人なら、むしろこれが最高でしょう。

成功する作家の毎日を支える行動習慣……本田 健

いろんな国で出版したおかげで、世界的な作家と家族ぐるみでつき合うようになりました。ふだんの生活をごく間近に見て、彼らの行動には、共通点があるのに気づきました。それは、特別な才能に頼るのではなく、日常生活の中に執筆活動を自然と組み込んでいる点です。

「書く」ことを日常の一部に組み込んでいるので、ずっと作家として活躍することができます。成功する作家にとって、執筆は特別な活動ではなく、歯磨きのように、やらなければ気持ちが悪いことなのです。たとえ忙しい日でも、数分間でも言葉を紡ぐ習慣を大切にしています。

これは、執筆時間の長短にかかわらず、毎日少しずつ進めることが創作の流れを途切れさせない秘訣なのでしょう。人によってスタイルも違いますが、長く作家を続けている人は、規則的に執筆する習慣を持っているようです。

彼らの生活を見ていると、積極的に「世界を広げる努力」をしていることがわかります。

作家は、映画、音楽からインスピレーションを得られることを知っています。だから、情報収集のために取材旅行に出かけたり、演劇を観にいったり、他の業界で活躍している人と対談するのです。文壇バーというのが昔あったようですが、そういう場所でお酒を飲みながら、昭和の作家たちは、新しいネタを探したのでしょう。

「観察力」が創作の源なのは、明治、昭和、平成の作家も、令和の作家も同じです。

日常の中で目にする風景や、耳にする何気ない会話から、物語の種を見つけ出します。

成功する作家は、人間の感情や行動の細かな動きを見逃さず、それをメモし、自分の作品にリアリティを与える材料にしています。こういった観察力が、読者に共感される作品を生み出すのです。

一方で、「好奇心」は、作家にとって仕入れのようなものです。面白そうなネタを追いかけていく先に、多くの人がワクワクして巻き込まれる本が書けるわけです。

これは、ビジネス書などの実用書の作家でも、まったく同じです。

面白いと思ったら、出かける、見に行く、食べてみるのです。そこから得られたインスピレーションを文章にしていくのが次のステップです。

昭和の作家は、限られた人間関係の中で、新しいネタを探して、昼は執筆、夜はお酒を飲みに行くというライフスタイルを持っていたようですね。

先生は、文壇バーにはよくいらっしゃったそうですが、どんな感じだったのですか？

□□

時代背景を理解し、人脈を活用する力

……櫻井秀勲

その通り、「文壇バー」にはよく行きましたよ。基本的には二種類あり、ベストセラー作家たちは高級クラブに通ったものです。そこは売れっ子の作家や編集者、雑誌の編集長、文芸評論家といった、まさに「文壇」に関わる人たちの「たまり場」というような場所でした。そこで初めて会った作家が、その後に活躍していったということも珍しいことではありませんでした。人脈を広げる場所でもあったわけです。

もう一種類はクラブではなく、ウィスキーなどを飲むカウンターバーで、ここにはママと、手伝いの女性が一人くらいしかいません。ここのママが、新人作家や新米編集者の面倒を見てくれたのです。

作家として生き抜くには、人脈や学びが不可欠です。戦後の東京で編集者として活動していた私は、その文壇バーや、料亭や鮨屋といった場所で多くの人々とつながり、貴重な学びを得ることができました。当時の社会では、こうした人間関係が作品に深みを与え、作家としての道を切り拓く大きな助けとなったのです。

書きたいと思っても、「書けない」という人もいるでしょう。そんな人に私が聞くのは、「誰か好きな作家はいますか？」ということです。

本を読まない人で、文章の上手な人はめったにいません。

ところが近頃は文章があまり上手ではないのに、本の売れる人がいます。「自分がそうだ！」と名乗りを上げる人は、多分、大勢いるでしょう。たしかにそういうタイプは大勢いますが、一人でテーマを考え、それを作品にしているか？　といえば、多分していない。したくてもできないと思います。

そういう人は、たまたま時流に乗ったテーマを持っている人であり、時の流れによって、いつの間にか消え去っていく人なのです。テレビのタレントにも、そういう人が多いものです。あるいはライターがついていて、取材を受けるだけで一冊の本が完成してしまうタイプです。

もちろん、それで書けるし、それで売れていくなら、それが最高です。ただ真に作家として生き残るには、前でもお話ししたように、「第一人者」になることが欠かせません。本田さんは、そのお金の第一人者です。特定のテーマや分野において誰もが認める存在になることです。

私の友人であった渡辺淳一は、外科医であったことから、女性の身体についても詳しく、それによって性的描写のすぐれた小説の第一人者としての覚悟を持って、生涯を貫いた作家でした。

そして私もまったく同じタイプで、女性に関してなら、心理でも社会性でも、日本中の誰にも負けない！　という自信を持っています。これは、私が「5人の母」と呼ぶ女性たちから、多くを学んだ経験によるものです。ここでいう母とは、私の才能を見出し、可愛がりながら、さまざまなことを教えてくれた年上の女性たちのことです。

一人は幸田文《あや》先生でした。女流作家の第一人者で、私に「男としての掃除の仕方」を教えてくれたのです。おかげで、いまでも私は雑巾のしぼり方、障子の桟の拭き方のプロです。

二人目は女優・朝丘雪路の母親です。赤坂の料亭「勝田」の女主人でした。非常に優し

1957年撮影、幸田文
（毎日新聞社提供）

く、私に芸者さんとのつき合い方を教えてくれた方でした。

三人目は有楽町「胡蝶」の女主人でした。この女性は右翼の大立者、やくざの組長など、昭和の時代の「裏社会」の人たちともつながっていて、それこそ、裏から表から、ここぞというときに私を助けてくれました。命の恩人ともいえる人です。

四人目は料亭「般若苑」女将・畔上輝井《あぜがみてるい》さんでした。彼女はあることで三島由紀夫を訴えたのですが、私が三島さんと親しいことがわかっていながら、息子のように可愛がってくれたのです。

五人目は、私が「女性自身」編集長時代の後期に知り合った、当時の首相、佐藤栄作夫人の寛子《ひろこ》さんでした。もしかすると私を政治家にしたかったのかもしれません。

これらの女性たちが活躍した時代、戦後の東京は現在とは大きく異なるものでした。カフェやレストランがほとんどなく、お米を主食とした食事や人と会う場といえば料亭や鮨屋が主流でした。また、流しのタクシーも今のようには走っていなくて、新米の編集者である私でさえ、深夜に働くときは、いまの社長クラスが使うようなハイヤーを利用していました。このような状況が、社会の上層部や影の部分を知る機会を私にもたらしたのです。

運が味方してくれたのでしょう。

ここで重要なことは、誰とでも知り合うチャンスをつくることです。社会の上位にいる方々と知り合う度胸をつけるのです。そのためには、早朝であろうと深夜であろうと、首相であろうと有名俳優であろうと、平気になる心構えが大事になります。

こうした経験を通じて、多くの人々とつながりを持ち、幅広い視点を得ることができました。この人脈と学びが、作家としての私の道を切り拓く原動力となったのです。

作家を目指す方にとって、時代背景を理解し、自らが属するコミュニティや人脈を活かすことは、テーマを見つけ、作品に深みを与える上で欠かせない要素です。

□□作家としての成長を妨げる思い込みを手放す……本田 健

すごいお話ですね。時代も少し違うのかもしれませんが、櫻井先生の若い頃のパワーを感じます。

では、令和時代に、新人が作家デビューしようとすると、どんなことを考えればいいのでしょうか。

どうしても、すごい人にならないといけないと、思い込んでいるのではないでしょうか。普通の人が「作家になりたい」と考えたとき、こうあらねばならないという思い込みが邪魔をします。そうした勘違いは、執筆の自由を奪い、デビューを妨げます。

そうならないために、作家が手放すべき４つの思い込みをまとめてみます。

❶作家には、「天才的な才能が必要だ」という思い込み

成功した作家の多くは、才能よりも「努力」と「継続力」を重視しています。たしかに才能は大切ですが、それがすべてではありません。むしろ、書き続けることで表現力が磨かれ、次第に作家としての個性ができていきます。

成功する作家が焦点を当てるのは、「自分に才能があるかどうか」ではなく、「自分に何が書けるか」です。この姿勢こそが、結果的に作品の質を高めていくのです。

❷「完璧な作品を書いてから、デビューする」という思い込み

多くの人が「完璧な作品ができてから世に出したい」と考えますが、実際に完璧な作品など存在しません。逆に、作家が「これで完璧だ」と思っても、読者の反応は千差万別です。重要なのは、まず書いたものを公開し、フィードバックを受けることです。たとえ未完成でも、読者や編集者の意見をもとに改良を重ねることで、作品は成長します。一歩を踏み出す勇気が、次の作品の質を高める原動力になるでしょう。

❸「流行のテーマを題材にすれば、売れる」という思い込み

流行に乗ることが必ずしも悪いわけではありませんが、それだけに頼ると、自分の声を見失う可能性があります。読者が求めているのは、作家自身の情熱が込められた「本物の声」です。自分が心から書きたいテーマを見つけ、それを深掘りすることです。流行に振りまわされるのではなく、多少遠まわりしても、自分のスタイルを確立することが、長期的な成功につながります。

❹「書くだけで、仕事が終わり」という思い込み

執筆は作家の仕事の一部でしかありません。本を売るためには、読者とのコミュニケーションも欠かせない時代です。SNSでの発信、イベントを通じたファンとの交流など、読者と人間的につながる工夫が求められます。「書くだけでは成功しない」という現実を受け入れられないと、誰にも知られないままになってしまうでしょう。

才能、完璧さ、時代にこだわるのではなく、自分の声を信じて書き続けることです。いったん書き終わったら、こんどは、どのように読者に届けるかを考え、やれることをすべてやってみるのです。こういったことをすべてやり遂げた先に、ベストセラー作家への世界があるのです。

第2章の終わりに［もう一言対談］

成功と苦悩が交差する作家の現実

本田　以前、櫻井先生にお話をうかがったときに、作家の多くが、個人的には大変な人生を送っていると聞きました。

私は、作家になる前は、作家というと、川端康成、三島由紀夫、太宰治、芥川龍之介など、自分で命を断つ人が多くて、少し怖いなと思ったことがありました。

実際に、作家になってみて、小説家ほどではないにしても、自分と向き合う作業は精神的につらいなと思ったことが何度もありました。文芸の作家は、人間の闇のようなところに入っていって、そこから得たエネルギーを文章に変換するのが仕事なので、大変だと思います。先生が何十年も作家の生活を実際に見て、作家の光の部分と、闇の部分の両方を感じられたと思います。

ここでは、作家が光と闇の狭間で、どのようにバランスをとっているのか、その実情を伺いたいと思います。

櫻井　作家、なかでも小説家という職業は、世間から見ると華やかで、自由で、羨ましいものだと思われがちです。成功すれば世間の評価を得られ、多くの人々に影響を与える力を持てます。

光と闇があるとすれば、そういったものはまさしく光の部分といえるでしょう。

しかしその一方で、その裏には孤独や不安、時には絶望といった暗い側面があることも事実です。川端さんや三島さんは、人間の深い部分に触れ、闇の世界に取り込まれてしまったような印象を持たれるのも不思議ではありません。

本田　私の観察では、ビジネス書、実用書の作家たちは、ノウハウベースなので、そこまで深刻にならずに済んでいるのかなと思いました。でも、人間の闇をテーマに扱うような小説家は、苦しそうですね。村上春樹さんのように毎日マラソンをして自分を整えるストイックなタイプか、お酒に溺れたりして自分をボロボロにするタイプのどちらかになる印象があります。

やっぱり、書く作品のジャンルによっても、作家の幸せ、不幸は違うのでしょうか？

櫻井　ジャンルによって、作家の苦しみ方が変わるのは確かです。人間の感情や闇を描く小説家は、深く掘り下げる分、自らの心も揺さぶられることが多いです。

一方で、ビジネス書や実用書の作家は、自分の専門知識をわかりやすく伝えることが主な目的なので、比較的メンタルに負担が少ないといえるかもしれません。私も作家としては、このジャンルに入ると思いますが、メンタルな面でつらかったと思ったことはありません。

そういえば、私は書けないということで悩んだことはありません。私にとって書くことは日常のことですから、原稿用紙に向かって、ペンさえ持てば、勝手にそのペンが動き出すような感じで原稿を書いています。私はペンで原稿を書きますが、パソコンでキーをたたき始めると止まらなくなるという人もいるでしょうし、いまどきはスマホで、音声入力なら、いくらでも書ける、という人もいるでしょう。

ただ、文字を連ねるだけでは原稿にはなりません。少なくとも、売れる原稿にはならないかもしれません。だから、原稿で、「新しい視点を提供し続ける」プレッシャーはあります。

作家が自分のメンタルを守るには、どんなジャンルであれ、自己管理が重要だということは、本田さんがいわれる通りだと思います。

本田　アメリカのハリウッドやディズニー映画のように、楽しくてハッピーエンドの小説は、深みがなくなりますね。その意味では、人間の闇のような部分をえぐり出すようなところがないと、文芸作品としては、読み応えがないわけです。

作家が、その闇に入っていくと、ミイラ取りがミイラになってしまうのかなと思います。村上春樹さんが、「小説を書くというのは、自分の中の地下深くにある井戸に潜っていくようなもの」だというようなことを、何かのインタビューで答えていました。作家が作品を書くときには、そういう感じで書いているのでしょうか？

櫻井　それはどうでしょうか。私は、川端先生にしても、三島先生にしても、お会いしていて「闇」を感じたことはありません。少なくとも、この二人が、書くということに対して、それほど深刻になることはなかったのではないかと思います。

川端先生と三島先生の作品に共通しているのは、「生きる意味の追求」と「美を通じて人間を肯定する」という視点です。彼らの作品が読者に与える影響は、決して闇

1968年撮影、川端康成（右）と三島由紀夫
（©Shinchosha/毎日フォトバンク）

ではなく、むしろ人間の可能性や儚さの美しさを感じさせるものです。
ただ、凡人には計り知れない「意識」とか「信念」とかというものに、絶望したということはあったかもしれません。本田さんがあげられたように、昭和の時代には作家が、自分で命を絶つようことがありましたが、当時は、戦争や敗戦の影響、さらには社会の急激な変化により、人々の心が不安定になる背景がありました。その中で作家たちは、自らの使命感や美への追求に翻弄《ほんろう》されることもあったでしょう。いまの時代であれば、彼らの運命も変わっていたでしょう。

本田 私自身も、経済自由人とか、どうやって才能をお金に換えるかというテクニカルなことを書いている間は、そんなに闇を感じませんでした。こうすればできますよというシンプルなことを書いているので、多少のストレスはあります。でも、何十冊も書いてきたので、執筆は散歩のようなものになりました。
ですが、自分の使命として、「人類の生き方を大きく変えるような本を書きたい」と考えているので、その深さまで行こうとすると、どうしても人類のダークサイドに触れてしまいます。古代から、所有欲、怒り、ケンカ、戦争などと、お金のエネルギーは、密接な関係があります。お金の痛みを癒すことをテーマとすると、闇のエネルギーと格闘しなければいけなくなります。執筆中は、悪夢にもうなされるようになりました。

櫻井 そうやって頑張った成果として、世界的に本が売れたというのはありますが、正直、これを一生やっていくのは、つらいものがあるなと思いました。ある程度の結果も出せたし、世界中を講演できるというご褒美をもらったので、まだ報われた感があります。でも、こんなに頑張ったのに、本が売れなかったり、批判されたりすると、絶望な気分になるだろうなというのは、簡単に想像できます。

作家として、続けていくモチベーションって、どこにあるのでしょう？

モチベーションを維持するためには、本文で本田さんがいわれていた通り、「誰のために書くのか」を明確にすることが大切です。読者の存在が作家を支えます。また、自分自身の成長や学びの一環として執筆を捉《とら》えると、結果に関係なく続けやすくなります。

そして、日常生活に喜びを見つけることも重要です。

執筆だけでなく、日々の小さな幸せや達成感を味わうことで、作家としてのバランスがとれます。書き続けることの難しさと向き合いながらも、その中で楽しみや意味を見出すことが、作家人生を豊かにする鍵ではないでしょうか。

作家としての人生は、書き続けることでのみ完成するものです。その道のりには苦しみもありますが、その先にある喜びや成長は、他の職業では得られない特別なものです。

だからこそ、作家としての道を歩む人には、書く喜びとその先の成長を信じてほしいと思います。どんな小さな一歩でも、それは、今日から始めることが作家としての未来を切り拓く鍵になるのです。

第3章

書くだけでは成功しない！作家に必要な器と資質

□□「主人公」になれる人が作家になれる……櫻井秀勲

世間には素晴らしい方が大勢います。それに対して、「自分はなんて小さな人間なんだろう?」と卑下する人もいるでしょう。特に大人物《だいじんぶつ》に会ったとき、相手と自分を比べて劣等感を持ってしまうことがあります。

それまでは強気でいた人ほど、「自分なんかまだまだだ」と思い知って、ときには意気消沈して、自己否定してしまう人もいます。

最近では、「自己肯定感を大切にしよう」と説く中島輝さんのような方も注目されています。

ふだんから同年輩、同レベルの方としかつき合っていないと、少しレベルの上の人と会っただけで、話もできないということもあります。

実は私も一時期は、会う人ごとに「なんてすごい人なんだ!」と感心、感動するばかりで、自分の小ささを恥ずかしくなったものです。

そういっても、「櫻井さんは若い頃から大先生、大作家と会ってきたじゃないか！」といわれるかもしれません。

たしかに編集者時代はそうでした。ところが私は、55歳で出版社をやめて、一時期テレビの仕事をしていたのです。高齢の方は、私のテレビ出演の番組を見ていた方もいらっしゃるかもしれません。

それまで、何十年も文章を書いていた中年男が、突然テレビ番組に出るとなると、まったく話せません。それは恥ずかしいくらい、ドギマギしてしまうのです。文章とテレビの会話ではまったく違うのでした。巧みに相づちを打ったり、時間内にぴったり話したりというのは、予想以上に難しいものです。

多分あなたも大勢集まった会場で、舞台に引き上げられたら、話したいことの半分も口から出てこないのではありませんか？

これは当然で、彼らはそれが仕事であり、主人公です。イレギュラーの出演者は、仕事ではありません。単なる参加者といっていいでしょう。自分には別に主たる仕事があるのです。

この時期に、私はテレビ関係者からいわれたことがあります。

「櫻井さんは大編集者なのですから、自分が主人公なんですよ！」

レギュラーを超えて、自分が主人公になれ！　そのくらいの自信を持て！　というのです。それは「櫻井さんの経験は、視聴者の誰にも珍しい」からだ、というではありませんか！　たとえば有名人の聞きなれた笑い話より、無名であっても「昨日、階段から落ちまして！」と話したら、こちらのほうが瞬間的な視聴率を取る、というのです。

これを聞いてから私は、テレビに出演の際には、必ず珍しい話をするようになりました。これがのちに大阪のテレビ局で、週一の情報番組の司会役になる礎《いしずえ》になったと思います。

それはともかく、やはり話は面白くなくてはなりません。その話を他人から聞くか、本を読んで面白いものを見つけるかが、実は大きなポイントになるのです。

私は他人から聞いた話は、あまり使いません。なぜなら主人公が〝他人〟になってしまうからです。本を書く人間は、自分が主役にならないと、他人の宣伝ばかりしてしまうことになってしまいます。

他人の話ばかりを使っていては、読者を惹きつけることはできません。自分の体験や考えを中心に置き、それをどのように面白く伝えるか。つまりは自分が主人公になれるか。それは、作家としての資質の一つだと思っています。

成功する作家に共通する5つの力……………本田 健

櫻井先生が述べられた「主人公になれるかどうか」という視点は、作家の成長において、とても大切ですね。これまで出会ったベストセラー作家の多くは、まさに自分を主人公として生きていると感じます。

ところで、作家として成功する人たちには、共通する資質がいくつかあると思います。それは、単なる「文章がうまい」「表現が豊か」といった表面的なスキルだけではありません。

ベストセラー作家は、執筆を支える深い人間性や独自の姿勢を持っています。それらについて、具体的にお話ししていきましょう。

❶狂気にも似た情熱

成功する作家にとって、情熱は執筆のガソリンです。「どうしても書きたい！」「このテーマを伝えずにはいられない！」という強い思いが、原動力になります。自分の奥から突き上がるような情熱がなければ、〆切に追われたり、スランプに陥ったりしたときに前に進むことができなくなります。狂気に近い情熱は、作家にとって生命線なのです。

❷観察力

作家が描く物語の多くは、日常の中に潜むドラマから生まれます。成功する作家は、人や物事の本質を見抜く観察力を持っています。松本清張が社会の暗部を描き、多くの読者を惹きつけた背景には、この鋭い観察力がありました。たとえば、何気ない会話や人々の行動の裏に隠された感情や葛藤を掘り下げ、それを物語に昇華させる力が、作家にとって重要な武器です。

❸好奇心

成功する作家は、常に新しいものに興味を持っています。未知の世界や他者の経験、新たな分野への挑戦を楽しむ姿勢が、作品の深みや多様性を生み出します。自分の好奇心のままに旅をしたり、文章を書き続ける作家には、スランプはありません。

櫻井先生にお聞きしても、おつき合いのあった川端康成、松本清張、三島由紀夫などの一流の作家は、みんな好奇心の塊《かたまり》のような人だったようです。彼らにとっては、見聞きするすべてが、自分の作品のエネルギーになるのでしょう。

❹共感力

物語の登場人物だけでなく、読者の気持ちに寄り添う力。それが共感力です。

読者が「この作家は自分のことをわかってくれている」と感じる作品には、共感力が宿っています。作品の中に出てくる人物の絶望感、躍動感、ワクワク感などに共感できる本が、ベストセラーになるのです。

これは、ビジネス書でも同じです。作家に対しての読者の共感がなければ、長く続くということはないでしょう。

❺継続力

執筆は、一時的な情熱だけで乗り越えられるものではありません。ベストセラー作家は、たとえ気分がのらないような日であっても、執筆をやめません。「書く」という行為を習慣化し、地道に積み重ねる粘り強さがあるのです。松下幸之助の言葉を借りるなら、「やり続けることが、必ず結果を生む」のです。

そして、これは、作家にも当てはまります。

ずっと続ける覚悟。これさえあれば、どんな世界でも成功できるでしょう。

□□

読者を魅了する視点をどう磨くか…………櫻井秀勲

作家として成功するためには、自分の視点を磨くことが欠かせません。そのために大切なのは、情報をただ集めるだけでなく、それを自分流に解釈し、形にすることです。

散歩ひとつでも工夫次第で新しい発見の場となります。

また、自分の興味を深掘りして知識を蓄えることで、他人に負けない視点を持つことができます。それは作家としての自信にもつながり、読者を惹きつける大きな力となるのです。

前でお話しした通り、作家は、自分自身が主役となって、自分の考え、自分の人生をしゃべれる人にならなければなりません。

これには読書が非常に重要になります。どんな本を読むか、読んでいるかによって、世間様が注目してくれるからです。

たとえば今年2025（令和7）年は昭和百年になります。こんな年に「世界史を百年単位で見ていきましょう」と、話し始めたら、どんな社長や教授でも、耳を傾けると思いませんか？

「1505年には、トルコで世界最初の喫茶店ができて、砂漠の商人たちに喜ばれました。

1600年は日本で関ヶ原の合戦が行われましたが、イタリアで初めて窓ガラスができ、フランスではブランデーが発明されています。

1702年、日本では有名な赤穂浪士の討ち入り事件が、大石内蔵助の主導で行われました。世にいう忠臣蔵です」

これは調べる気であれば、中学生でもできるでしょう。いわば中学生が、日本の政治家や経営者の耳を独占することも可能です。

それだけに、大政治家や大経営者に恐れを抱くことなく、自分で調べたことを、書いていったり、話してみてはどうでしょうか？

他人の話に感心したり、驚くだけでは、いつまで経っても生徒であり、聴き手であり、読者です。

それこそお金を出す一方です。

お金は使わなくてはなりません。そうしなければ、新しい知識、大切な情報が手に入らないからです。

しかし、書き手になるには、情報を集めただけではムリです。それを自分流の角度に置き換えて、その人物の生き方、考え方を文章にしなければならないからです。

ここが作家になる難しさです。ただ、偉人の伝記を読むだけでなく、自分が伝記中の偉人にならなければ、一流の作家になれないからです。

□□未来を切り拓く「好奇心」の育て方…………本田 健

作家として生きる上で、「好奇心」は必要な資質の一つだという話をしてきました。すごい才能があっても、好奇心を失うと、生命力が低下してしまいます。そうすると、作家としての成長は止まり、いずれ読者が離れてしまうでしょう。

好奇心とは、誰もが生まれつき持っているもので、大して特別なものではありません。日常の中に潜む小さな疑問や違和感が、その出発点となります。

「なぜ、今こんなになっているのだろう?」

「もし、この部分が変わったら、これからどうなるのかな?」

といった問いが、意外な発見や物語を生むことにつながるのです。

街中で目にした広告やニュース、友人との何気ない会話——これらすべてが、物語の源になる可能性を秘めています。

私自身、日々の中で気づいた疑問をメモにする習慣を大切にしています。何か思いついたら、すぐにスマホに音声で吹き込んだり、キーワードを入れたりします。

それは後から振り返ると、アイデアの宝庫であることが多いのです。

「なぜ、多くの人は、お金といい関係を持てないんだろう？」

この問いが、私の英語での最初の著作『happy money』のテーマとなりました。このような小さな疑問が、作家としての新たな道を切り拓いてくれるのです。

好奇心を育てたければ、意識的に「未知のもの」に触れるのはいいと思います。

「ふだんと違う道を歩いてみる」

「これまで読んだことのないジャンルの本を手に取る」

「海外の文化や歴史について学ぶ」

「知り合いが誰もいない街に出かけてみる」

――こうした行動が、新しい発見やインスピレーションを与えてくれます。

それは、自分と違うタイプの人との何気ない会話なんかでもいいのです。多様な価値観や経験を持つ人々とふれ合うことで、自分にはない視点や感覚をもらえます。

自分の本の読者との交流も、作家にとって好奇心を刺激する貴重な機会になります。

読者からの感想や質問は、新たな洞察を得るきっかけとなります。その作品、その一冊がどのように受けとられ、どこに関心を持たれたのかを知ることで、次の作品の方向性が見えてくることもあります。

ただし、好奇心は単に「新しいものを追い求める心」ではありません。それを深く掘り下げ、熟成させなければ、素晴らしい作品が生まれないのです。

先生は、作家にとっての好奇心というものを、どんなことだと思いますか？

□□ 日常を〝作品の宝庫〟に変える方法 …………櫻井秀勲

本当に本田さんがいう通り、作家になるには好奇心が必要です。それが自分なりの知識や経験を高めることにつながります。これは、作家としてとても大切な資質であり、財産になります。

知識はコツコツ貯めなければなりませんが、経験は毎日一つずつでも増やしたり、高めることができます。

前で、「散歩ひとつでも工夫次第で新しい発見の場」となるとお話ししましたが、それは、遠藤周作先生に教わったことです。

あるとき、遠藤先生と話していると、

「櫻井君の散歩は毎日、同じ道ではないか？　毎日、東西南北と、方角を変えて散歩してごらん。風景の見方も変えるんだ。東の道を歩くときは樹木を見る。南への道のときは道

1974年撮影、自宅にて犬と散歩する遠藤周作
(©Shinchosha/毎日フォトバンク)

ばたの草を見るんだ。視点が変わっていくぞ」

といわれました。それだけでなく、

「新宿駅から東京駅に行くのは中央線が一番速いので、誰でもそういう乗り方をする。そこで今日は渋谷回り、明日は池袋回りの山手線に乗るんだ。いつも見ない風景が出てくるだろう。駅を歩くパターンも変わるはずだ。そんな乗り方をする人はいないから、自分だけの経験となる。それが作家になる近道なんだ」

どうでしょう？　そういう乗り方をしたことがありますか？　少なくとも私は、そんなふうに考えたことはありませんでした。

当時は、「女性自身」の編集長で忙しくしていましたから、どこか目的地があれば、最短のルートを選ぶだけです。

「自分にしかできない経験をする」

というのは、なにも特別なことではない。日常のちょっとしたことでも、そういう経験ができるのです。

それができるのが、作家になれる人だといえるのかもしれません。

□□

作家が磨くべき「ビジネス感覚」とは

……………本田 健

ところで、作家というと創作や表現の側面が注目されがちですが、成功し続けるためには「ビジネス感覚」も不可欠だ、と私は考えています。

どれほど優れた作品を書いても、それが読者に届かなければ、作家になれません。本を売るという意味では、マーケティングの才能も必要です。

作家としてのビジネス感覚は、「読者目線を持つこと」から始まります。自分が書きたいものを書いてもいいのですが、それだけだと売れません。読者が求めるテーマや興味をリサーチし、自分のスタイルと市場のニーズをマッチさせることです。

ビジネス感覚という点では、自分自身が一つの「ブランド」であることを意識することです。インフルエンサーとして、SNSやブログを活用して、自分の考えや活動を発信することで、影響力を持たなければいけません。ブランドができないと、作品も売れないし、その後の展開もないでしょう。

「数字に強くなること」も大事です。本の部数、どういう層の読者に支持されているのかといった売上データも頭に入れておくことです。そういうことを認識した上で、編集者や出版社と連携して効果的なプロモーションを展開することが可能です。

映画や音楽など他業界で流行っているものから、インスピレーションを得ることもできます。たとえば、映画業界でのプロモーション手法や音楽業界でのファン獲得法は、自分にもすぐに使えるでしょう。他の業界で起きていることを参考にして、斬新なアイデアを自分の作品に取り入れることができます。

作家にとってのビジネス感覚とは、「自分の価値を正しく評価し、それを最大化するスキル」です。自分の作品の可能性を信じ、どのように広めるかを戦略的に考えることが求められます。

書斎で、文章を書いていたら、なんとかなった時代は、終わってしまったのです。ビジネス感覚は、創作活動と対立するものではありません。むしろ、それは作品を読者に届けるための手段であり、作家としての夢を実現するための強力な武器です。

ところで、夢を実現するということでいうと、作家になるのに、年齢制限というのはあるのでしょうか？

体験を通して新鮮な情報に仕立てる……櫻井秀勲

作家になるのに年齢制限はありません。94歳の私だって続けています（笑）。若くしてデビューする人もいれば、60歳、70歳を超えてから、第一作を世に出す人もいます。

森敦《あつし》は最高齢の62歳で芥川賞をとった作家ですが、その作品『月山《がっさん》』は芥川賞史上、最高の名作といわれています。名作というと、書斎で真剣に書いている姿を思い起こしますが、その一部は山手線の中で書いた、といわれています。

いまは原稿用紙を広げなくても、スマホ、パソコンで原稿が書ける時代です。

集めた情報を、一巻の本にしてみたらどうでしょう。人と話しているだけで新しい生き方、情報は入ってくるものです。つまり、誰でも珍しい話、新しい体験は入ってくるし、積まれていくものです。可愛い猫や犬の話でも、一冊の本になるのです。

私は若い頃から、新しい情報を集めるのがうまかったようです。それというのも、作家の先生方にお会いするとき、次の5つの「土産」を置いてくる習慣を持っていたからです。

❶「困ったことがあれば、何でも相談してください。私にできるようであれば、すぐやりますから」

❷「時間が空いたら、話し相手に呼んでください。面白い話を持っていきます」

❸「他の人に頼めないということがあれば、相談してださい。解決法を探しますから」

❹「深夜、早朝に相談があるというときは、深夜だけならいつでも呼んでください」

❺「私から金を借りたいという話だけは、ご勘弁ください」

——これだけで、逆に珍しい話、面白い話が入ってきます。話題を広く集めたいときは、ユーモアを加えることが大事です。❺の借金の話を加えておくと、頼みやすくなることがあるようでした。

このように、他人の情報に頼るより、自分の足で体験する話のほうが、面白くて新鮮です。誰も見ていない新鮮な生活をしていこうと、私は94歳になっても思っています。

出版社が欲しがるネタは、誰もが自分の中に持っているのです。そんな作家なら、この私が追いかけますよ。

作家としての器を広げるために必要なこと……本田 健

私は『運命をひらく 生き方上手〈松下幸之助〉の教え』（ＰＨＰ研究所）という著書を執筆する中で、松下幸之助の哲学や生き方に触れるという貴重な経験をしました。

松下さんは事業家として数多くの成功を収める一方で、著作を通じて人々の生き方に光を灯す「作家」としての顔も持っていました。その中で私が学んだのは、作家として成功し続けるためには「柔軟性」と「大きな器」が欠かせないということです。

松下幸之助さんは、戦後の混乱期に世間のニーズを見極め、家電製品のラインアップを大胆に変更しました。特に炊飯器や扇風機など、当時の家庭に必要とされる製品を積極的に展開したことが、松下電器を世界的企業へと成長させる原動力となりました。この柔軟な姿勢で、困難な状況においても的確な判断を下し、新たな道を切り拓いたのです。

作家にもまた、変化する環境や読者の期待に応える柔軟性が求められます。同じテーマやスタイルに固執することなく、新しい視点や表現方法に挑戦することで、読者の心を捉え続けることができます。

松下さんが示した柔軟な姿勢は、作家が自分の可能性を広げ、長期的に読者とつながり続けるための模範でもあります。

さらに、作家としての「器」とは、困難や批判を乗り越え、読者の声に真摯に耳を傾ける心の広さを指します。

松下幸之助さんは、学歴がないことや病気というハンディキャップを成長の糧《かて》として受け入れていました。そして、自らの経験を通じて得た知恵や希望を、どのような状況にある人々にも届けるメッセージに昇華させました。

これが、松下幸之助という人を、単なる経営者ではなく、永続的な影響力を持つ作家たらしめた理由の一つです。

作家としての器を育てるには、自分を育てるのと同じような努力が要ります。書籍を通じて自分の考えを発信する過程で、批判に晒《さら》されたり、売れない、執筆の依頼がこないといったこともあるでしょう。しかし、そうした試練こそが、作家としての器を磨き、より深みのある作品を生み出すための貴重な機会となります。松下幸之助さんの著作や生き方から学んだのは、成功は一瞬の努力ではなく、日々の小さな成長の積み重ねである、ということです。

自分の経験を文章にすることで、悩みが整理されて、解決してしまう、ということもあると思います。文章を書くというのは、作家になる、ならないにかかわらず、そうした効果があります。

作家としての成長は、人としての成長につながると思っています。どう成長できるのか。どうすれば成長できるのか。もう少し櫻井先生に話をうかがっていきましょう。

師弟関係が育む作家としての成長

本田　第3章では、「作家の資質」や「器」についてお話ししましたが、ここでは、作家の師弟関係について、櫻井先生にお話を伺いたいと思います。

櫻井　日本で初めて作家のグループをつくった人は、長谷川伸《しん》という人です。長谷川先生は、時代小説の劇作家でした。「時代小説」というのは、誰にも書けるというものではありません。

たとえば鎧ひとつでも、どういうふうに纏《まと》うのかということが、普通の現代の生活をしている作家には、わかりません。十二単《ひとえ》や芸者さんのお化粧でも、実物を見ない限り、私たちには描写できません。刀にしても、どう身につけるのか。いいかげんに腰に差しても、少し前のめりになっただけで、スルッと抜けてしまうでしょう。実際に、自分の目で見たり、触れたりしなければ、それについて書くことはできないわけです。

だから、時代小説を書く作家は、そうしたことを自分で調べるのですが、長谷川先生は、そういうことを若い作家たちを集めて、一緒に勉強できる機会をつくったのです。その勉強会が「新鷹会《しんようかい》」という会になりました。

メンバーには、当時、時代小説の人気作家たち、山岡荘八、山手樹一郎、村上元三、大林清、長谷川幸延《こうえん》といった方々が名を連ねていました。私は光文社の「面白倶楽部」に配属されて、山岡先生、山手先生などの担当になりました。

山岡先生は新鷹会の幹部メンバーで、代表作の「徳川家康」が連載されていた時期です。新米の私をかわいがってくださり、新鷹会の勉強会にも参加させていただきました。私だけでなく、新鷹会には、作家だけでなく、各社の時代小説の担当編集者たちも参加していました。

本田　その会に参加することで、編集者ともつながる機会を持てたわけですね。新人の作家にとって、それはすごい刺激になったことだと思います。
作家になりたいと思って、そのための勉強をしても、自分でできることには限りがありますし、まして編集者とつながる機会を持つことなど夢のまた夢です。

だから、作家にとって、それほど有り難い機会はないですね。

櫻井 でも、本田さんが作家のための講座やセミナーを開いたり、すでに作家になった人たち、これから作家になろうとしている人たちの相談に乗ったりしているのは、まさに長谷川先生が新鷹会でされていたことと同じだと私は思っています。

いまどきは同じような講座やセミナーはたくさんありますが、本田さんの会には、「同じ作家としての思いがある」というところが、他とは違うし、長谷川先生の新鷹会に通じるものだと思っています。

本田 そんなふうに言っていただいて嬉しいですが、たしかに、私が作家のための講座やセミナーを開くのは、「もしも自分が作家になる前に、こういうことを知っていたらどんなによかっただろう」「こういうことを教えてほしかった」という、昔の自分のためなんです。山岡荘八先生の師匠ともいえる長谷川伸先生と同じ、と言っていただくと、汗が出てきます。

ところで、新鷹会では、具体的に、どんなことをされていたのでしょうか？

櫻井　たとえば、ある会では芸者さんを呼んで、その芸者さんが何を着ているのか、どう着ているのか、どういうふうに帯を締めているのか、というようなことを教えてもらうのです。あるときは、鎧兜《よろいかぶと》を用意して、鎧を着るにはどれくらい時間がかかるのか、それでどうやって走るのかとか、そういう昔の生活というものを一つひとつ、最初は長谷川先生が、そのあとは幹部メンバーの先生方が、若い作家たちに教えてくれるのです。

若い作家たちは、それこそ大先輩の先生方に質問をするかたちで、時代小説の書き方を学んでいきました。

会には、写真家や挿絵画家、映画関係者なども加わることがありました。時代小説には挿絵は付きものでしたし、まだテレビもなかった当時は、映画化が大きなチャンスだったのです。

若い作家たちからすれば、「ここに来れば、勉強もできる。編集者やそのほかの業界の人たちとも親しくなれる」ということで、この会に参加したいという人は大勢いたのですが、入れば、長谷川先生の門下生と認められます。逆にいえば、そう認

1960年、長谷川伸の喜寿の祝いに集まった鹿島孝二、村上元三ほか
（毎日新聞社提供）

められなければ、会には参加できなかったのです。

つまりは、作家の師弟関係が育っていったわけですが、そういう会があったおかげで、日本の時代小説は現在まで受け継がれたともいえます。

その会にかかる費用は、長谷川伸さんがすべて負担されていました。昔は、本が売れる時代で、いまになってみれば、雑誌や新聞連載の原稿料や、本の印税というのは高かったのです。ですから、人気作家には、それくらいの余裕があったわけです。

山岡先生や山手樹一郎先生は、弟子

が集まりやすいように、そのための広間をつくっていたほどです。お正月には新年の挨拶にうかがう人も多く、そうした機会は新進作家にとって、編集者と知り合える大チャンスでした。

長谷川先生は1963年に亡くなられましたが、それを機に、新鷹会は財団法人となって、いまも活動されているようです。昔のような勉強会はないでしょうが、その後も、池波正太郎、平岩弓枝、西村京太郎などに受け継がれ、鳴海風、山口恵以子、辻真先らの方々も会員になっているようです。

そんなに長く続いているんですね。作家というと、一人でただ原稿を書き続けているイメージでしたが、そうした作家のネットワークが昭和の頃からあって、いまも続いていることには、正直びっくりしました。

本田　私は10年くらい前に、世界的ベストセラー作家・講演家のグループTLC（Transformational Leadership Council＝変革的リーダーシップ評議会）の、日本人で初めてメンバーとして認められたのですが、それを通して出会った人たちによって、作家としての道は大きく変わりました。それがなければ、アメリカでの出版の機会もなかったかもしれません。少なくとも、世界的な出版事情など、わからないことだらけで、思い悩むことも多かったかもしれません。

目指すことがあるなら、それをすでに体験している、成し遂げている人に教えを請うのが一番です。

同じ作家だからこそ、わかることも、助け合えることもあると思います。そのために、作家の会のようなものは必要で、私はこれから、日本にもＴＬＣのようなものをつくっていきたいと考えています。

櫻井　それは素晴らしいですね。そういう会ができれば、日本の出版界も、もっと活発になっていくでしょう。

新鷹会に戻してお話しすると、それこそ、その門下生の人たちが、どんどん作家としてデビューし、活躍していきました。

長谷川先生や山岡先生たちは、若い作家たちを、そこに参加する編集者に紹介して、それを実現されたのです。

少し裏話をすると、そういう会では、作家たちはランク付けされているものですが、編集者も同様にランク付けされていて、いうまでもなく、高いランクの編集者に、いい作家、いい作品を託すのです。

私は新米の編集者でしたが、光文社には「時代小説」をテーマにした論文「田宮虎彦の『落城』について」が評価されて入社しましたので、それを買われて、新鷹会の先生方にもよくしていただきました。

本田　作家だけでなく、編集者も育っていったわけですね。

長谷川先生の会は、時代小説作家を中心として会だったそうですが、他のジャンルで、そういう会はなかったのでしょうか。

櫻井　『親鸞』『蓮如《れんにょ》』などの作品もある丹羽《にわ》文雄《ふみお》先生の「十五日会」が素晴らしかったですね。早稲田派と呼ばれる芥川賞、直木賞作家が、丹羽先生のもとに集まっていました。私はここで現代小説を勉強させられた編集者でした。

また現代（近代）小説のほうで、井伏鱒二《いぶせますじ》先生を中心とした会もありました。井伏先生は、原爆をテーマにした『黒い雨』が有名です。

その井伏鱒二先生の会は、いま皆さんが想像されるような「勉強会」でなくて、若い作家や編集者に、「将棋を教えてやるから、暇なときに来なさい」というように声をかけるのです。つまり言い方がおかしいのですが、将棋好きな人だけが、井伏先生の門下生になれた、ということです。

この門下生には、藤原審爾《しんじ》という人気作家がいて、私はその担当で、原稿をいただくために、しょっちゅう中央線阿佐ヶ谷の藤原先生のお宅に入り浸《びた》っていました。当時の文芸作家の編集者は、原稿は作家の自宅に取りに行くのが普通で、原稿がまだ上がっていないと、そこで待たされるのです。

それが人気作家であれば、前の〆切の原稿を待っている編集者もいて、藤原先生の家では、担当の編集者が、将棋か麻雀をしているのが常でした。そうして、原稿を待つわけですが、ちなみに、そこに同じ編集担当者として通っていたのが、色川武大——別名、『麻雀放浪記』の作者、阿佐田哲也でした。

私は子どもの頃から将棋が好きで、素人としては高位の四段となりましたが、20代の編集者時代は、若さもあったのか、将棋では負け知らず。編集者の仲間内では、「光文社に将棋の強いやつが来た」と評判になるほどでした。

1961年、将棋を指す井伏鱒二（右）と藤原審爾
中央は、大山康晴名人
(©Shinchosha/ 毎日フォトバンク)

そんな私に、藤原審爾先生は暇さえあれば、「将棋をやろう」と声をかけてくださいました。それだけ先生が将棋好きだったということもありますが、じつは、将棋に強くなれば、師匠の井伏先生とも、長い時間、将棋が指せるようになります。将棋の時間は、学びの時間ですから、少しでも将棋に強くなるために腕を磨いていたのでした。

本田　門下生の条件が将棋というのは、私たち世代には、ハードルが高いのか低いのかよくわからないところがありますが（笑）、井伏鱒二先生という作家の、人としての度量というのか、魅力というのか、ぜひ一度は、「将棋を指しに来い」と言われてみたい気持ちになりますね。

櫻井　いまになってみれば、〆切に追われながらも、いい時代でしたね（笑）。そうして、多くの門下生を持っていた井伏先生でしたが、とても面倒見のいい先生であったことは間違いありません。その点、長谷川伸先生、丹羽文雄先生も同様です。そういう先生方が、若い作家たちの、作家としての道を開いたのです。

第4章

読者の心をつかむ

共感と信頼を生む言葉の力

□□ 読者の心を動かすメッセージとは？…………本田 健

作家が読者に届けるべき最も大切なものは何でしょうか。

それは、「心を揺さぶる感動」だと私は思っています。

それが小説でも、ビジネス書でも、「読者の心深くに刺さり、感動を与える作品を書くこと」が、作家の仕事です。

私自身、多くの本を執筆し、読者と直接対話する中で痛感してきたのは、読者が本に期待するのは、単なる知識や情報だけではないことです。読者は、人生を生きている上で迷いを感じ、自分にとっての「指針」を求めています。その人の人生の深くにメッセージを届けられれば、読者は一生ファンになってくれるでしょう。

たとえば、拙著の中で紹介したメンターの言葉「君は絶対失敗する」というメッセージは、多くの読者にとって新たな行動を始めるきっかけとなりました。

逆説的ですが、「人は、失敗が怖いから前に進めない」のです。もし、何をやっても絶対に失敗すると言われたら、かえって安心できて、どうせ失敗するのなら、何かやってみようと思うものなのです。かえって、最初の一歩を踏み出しやすくなります。

具体的で実践可能なメッセージは、読者にとって特に刺さりやすいものです。

また、メッセージを伝える際には、「本音で語ること」が不可欠です。読者は、作家が本気で語っているかどうかを敏感に感じ取ります。たとえ言葉がシンプルでも、作家自身が心から信じることをことで、読者に深く響くのです。

私は、これまでの人生で、震えるほど感動する言葉をたくさんもらってきました。メンターからの場合もあるし、飛行機で隣り合った人からもらったこともあります。

いずれにしても、そのときの自分にとっても大切で、人生の生き方を大きく変えるメッセージでした。

「この本を手に取った読者は、どんな状況にいるのだろう?」「何を知りたいと思っているのか?」を想像しながら、その人たちに届くような言葉を選ぶことで、読者の心に寄り添ったメッセージを形にできます。

作家としての使命は、自分の言葉が読者に与える影響です。メッセージは、単なるアドバイスではなく、読者が新たな一歩を踏み出す後押しとなるものです。その責任を真摯に受けとめながら、自分自身の本音から生まれるメッセージを大切にすることが、作家としての信頼と成功を築く道だと思います。

読者の人生に刺さるメッセージを届けること。それは、作家にしかできない尊い仕事であり、読者と深くつながるための最も強力な方法といえるのではないでしょうか。

□□小説家に求められる「本音」と「深い感情」を描く力…………櫻井秀勲

本田さんがおっしゃる「読者の人生に刺さるメッセージ」という観点から見ると、たとえば小説の場合、ただの事実や表面的な描写ではなく、裏側にある「本音」や「深い感情」を描く力が求められます。この力は、社会をどれだけ深く観察し、多面的に捉えられるかにかかっています。

この社会には、まじめタイプとふまじめタイプの二種類の男女がいます。昔から小説を書くには、ふまじめな男女のほうがいい、といわれてきました。

それはどういうことでしょうか?

この社会は、表（まじめ）の社会と、裏（ふまじめ、非まじめ）の社会で成り立っています。まじめタイプの男女は、裏社会を知らないことが多く、そうなると小説の内容が、非常に単純になってしまいます。もちろん表社会を表現するだけの小説もありますが、おそらく、まじめ人間ほど、そんな内容の小説を面白くない、と感じるでしょう。

自分のまったく見知らぬ社会を知りたい、読みたい作品を、小説（フィクション）と呼ぶのですから、できれば表も裏も知り尽くした人の作品のほうが、評価が高くなります。

まじめで固いタイプだったら、小説はやめておくほうが無難です。読者の数が少ないので、出版社が出してくれないからです。むしろ、ノンフィクションに進むほうが無難でしょう。

ノンフィクションは、事実を基礎に、内容を広げるのですから、むしろ取材力が大事になります。この取材力は、一言でいうならば、興味を持つタイプほど、深くなりますから、しぶとく、しつこい人間ほど、成功の確率は高くなります。

それこそ「文春砲」と呼ばれる「週刊文春」の記者たちなら、素晴らしいノンフィクション作品を書くでしょう。

共感される著者とされない著者はどこが違うのか……本田 健

読者が本を手に取る理由はさまざまですが、ビジネス書や自己啓発書で多いのは「自分の課題を解決したい」「よりよい人生のヒントを得たい」といったものでしょう。

その期待に応えられる本は読者に長く愛され、さらに新たな読者を呼び込みます。

一方で、どんなに内容が素晴らしくても、読者の心に響かない本は忘れ去られてしまいます。この違いは、著者が「共感を呼ぶメッセージ」を書けるかどうかです。

私自身、読者から「あなたの本が人生の転機になりました」という言葉をいただくたびに、メッセージのパワーを痛感します。特に、挫折から立ち上がった体験を書いた部分に対して、多くの方が「自分と重ね合わせて勇気をもらえました」と感想を寄せてくれます。

では、どのようにして共感を呼ぶメッセージを形にすることができるのでしょうか？

読者は、単なる理論よりも、実際の経験から生まれた具体例やエピソードに共感します。成功例でなく、失敗や葛藤、その乗り越え方のほうに興味があります。私が20歳の頃、アメリカの老人ホームにしばらく滞在していたことがありましたが、人気のある人は、自分の失敗を面白おかしく話せる人でした。

作家も同じで、自分の過去を正直に、かつユーモラスに伝えることで、読者との距離は一気に縮まります。

作家になる上で、大切な視点があります。

それは、「尊敬」と「共感」という視点です。

あなたが達成してきたこと、あなたの作り出す世界にリスペクト（尊敬）がなければ、読者はお金を出して本を買ってくれないでしょう。

一方で、あなたがどれだけすごい実績を持った人物でも、読者が共感しなければ、読んでみたい、学んでみたいとは思わないものです。

難しいのは、凄《すご》すぎると、尊敬されるけど、少し距離を感じてしまいます。この適度な距離感と尊敬を読者からもらえる人が、ベストセラー作家でい続けられるのです。

□□ 私が小説家にならなかった理由……櫻井秀勲

どのジャンルにしても、「共感」と「尊敬」のバランスをとるというのは、文章を書いていく上で、とても重要なことだと思います。

ところで、小説は取材するより、空想力のほうが大切になります。あるいは事実に空想や取材を加えて、興味をより深くさせます。実際にあったことをドラマチックにするといえば、わかりやすいかもしれません。

私はどちらかというとこのタイプで、20歳の頃から数年間は、小説ばかり書いていました。これが22歳という若さで、松本清張先生の作品を批評したり、「こんな話もあります」と、テーマを提供したりすることができた理由かもしれません。

ただ私は週刊誌の編集長を続けているうちに「事実は小説より奇なり」の中に入ってしまったのです。

ある有名女優の父親は、なぜか土管の中で生活していたり、またある有名写真モデルは、沼津の海に入って自殺したのですが、その直前に私に別れの電話をかけてきました。

またあるやくざ組織のトップは、私に手紙を送ってきて、顧問のような立場になってほしいと、驚くような申し出をしてきたこともありました。

組長の代理として私のところに来た親分は、その道では有名な方で、なんと！　ある大ホテルのレストランを、私のこの話だけのために借り切って、安全を保証したのです。

こうなると、私の作家としてのフィクション能力を、はるかに超えてしまい、小説を書く気が、なくなってしまったのです。若い頃の夢は、こうして消えてしまいました。

ここでよく考えると、もともと私には、小説を書く才能は備わっていなかったような気がします。というより編集者的才能のほうが、勝っていたと思います。

人の才能を見抜く力が強く、さらにその人を、世に出す楽しみのほうが強かったのでしょう。

□□

読者を揺さぶる言葉の力を磨くには？

…………本田　健

本を書くという行為は、単なる情報提供やノウハウの共有ではありません。それは、言葉を通じて読者の心を揺さぶり、感動を届ける挑戦でもあります。感動は読者の行動を変え、深い記憶として残り、人生の新たなステージを切り拓くきっかけとなる力を持っています。

私自身、作家として多くの読者から感想をいただく中で、「感動を届ける言葉」の本質それは決して派手な表現や巧妙な文章術によるものではなく、作家の真摯な思いが言葉に宿り、読者の心と共鳴するときに生まれるものです。

人を感動させるって、どんなことでしょうか？

私のセミナーで、中年の男性に、「私も本田健さんのように、たくさんの人を感動させるような本を書きたいです」といわれたことがあります。

「あなたの生活には、どれだけ毎日面白いと感じることがありますか？

どれくらい、毎日感動していますか？」

と私は聞き返しました。すると、

「私は普通の会社員なので、そんなに感動することがありません。せいぜい1カ月に一回
ぐらいあるかないか……」

照れ笑いしながら答えてくれたその人に、

「残念ながら、いまのあなたの在り方では、人を感動させることはできないでしょう。

自分の心を動かすことができなければ、人の心を動かすことはできません。

会社員でも、日常に面白い、感動することが見つけられるようになれば、100万部売
れる本だって書けると思いますよ」

と、できるだけ優しく、かつ正直に答えました。その人は、やや自分の状態にがっかり
したようですが、納得してくれたようでした。

人を感動させたいのなら、まずは自分の心を動かさなければダメです。

五味康祐先生が櫻井先生のことを「誰よりも前に感動」する人としていますが、それだ

け情熱を持って仕事をされていたということだと思います。

「作家という生き方」に限らず、どんな人の人生も、日常的に感情的に動きがなければ、つまらなくなってしまいます。

感情をもっと表現する生活をしていれば、人とつながれるようになります。

自分の気持ちをネガティブなことも隠さずに表現する人は、不思議なことに好かれます。本音を隠して、いいことしか言わない人よりも、信頼されるからです。

本音をズバズバ言っているのに、なぜか好かれてしまうという人がいます。いわゆる毒舌な人は本当のことを言ってくれるので、適当なことしか言わない人よりも、人は安心するのです。

人の心を動かしたければ、本音で生きなければならないと思います。

それがなんであれ、自分の気持ちを全開にして、誰にでもドーンとぶつかっていく。そうやって本気のコミュニケーションをとれていたら、人と深くつながれるでしょう。

作家が、自分の日々感じる感情を上手に一冊の本に閉じ込めることができれば、その本は読者にとって、新たな道を照らす光となるかもしれません。その言葉に宿る感情の力が、読者の人生に寄り添い、深いところに潜む何かを揺さぶるのです。

作家として言葉の力を磨き続け、読者を感動させることは、作家自身にとっても最大の喜びであり、挑戦でもあります。

これから生まれるベストセラーとは？……櫻井秀勲

ベストセラーを出している方は、年々若くなってきました。それこそ、Z世代の著者の小説もよく売れています。これらの世代の人々は、ネットで何万、何十万人とつながっています。貴重な読者層を抱えているのです。

こういった新しい読者にふさわしい小説をテーマにすることも、非常に大切です。

「少年ジャンプ」はテーマの宝庫だ、という人もいます。ここに掲載されているマンガを、逆に活字にするつもりになると、新しい小説が書けるのでは？　という人もいるくらいです。かつては小説からマンガが生まれましたが、これからはマンガから、活字の小説が出てきます。それを大人が読む時代になるのでは？　と考える編集者も大勢います。

時代はどう動いていくかわかりません。私はＡＩを巧みに、スピーディに使う人ほど、有利になると思います。いや、巧みに使う国によって、うまく使えない国は滅ぼされると、私は信じています。人間が威張っていられるのは、あと5年くらいと、専門家は断言しています。

だとすると、ＡＩに気に入ってもらえるフィクションを書く人がいれば、ベストセラーになるかもしれません。そういう夢物語を書ける人が、これから伸びていく可能性もあるのです。

編集者という職業は、夢物語を考えるだけで、お金になる職業です。その中でも、フィクションとノンフィクション担当者は、大きな夢、誰も考えていない夢を見なければなりません。

夢が大きければ大きいほど、新しい作家を育てられるのです。

私と同期の伊賀《いが》弘三良《こうざぶろう》君（祥伝社・元社長）は、年間発行部数日本一の記録を持つ小説編集者でした。というのも小松左京の『日本沈没』と、五島勉の『ノストラダムスの大予言』の二冊を、同じ年に担当、出版した編集者です。

この二冊は、1973年（昭和48年）に出版されて、この年だけで700万部にも届いたといわれています。一人の編集者の記録としては、もしかしたら世界記録にもなるかもしれませんが、どちらも夢物語のようなフィクションとノンフィクションでした。

作家になりたければ、夢を語りましょう。

その夢が正夢になるように、作品を描いてみましょう。

私は、いまがそのチャンスだと思うのです。小説にはそんな楽しみがあるのです。

編集者の力量をどう見抜くか……櫻井秀勲

編集者は作家の可能性を引き出し、作品を世に出すための「裏方の主役」といえる存在です。ところが、作家は、意外に編集者の力量を見抜けない人が多いものです。見抜けていたとしても、担当編集者というのは、出版社の社長、編集長が決めることで、作家が

「A君がいい」「Bさんにしてください」と頼めない、という一面があります。

どの編集者についてもらえるかには、運、不運があります。そこで「A君が合う」「Bさんだといい仕事ができる」という思いを、先に編集長に伝えておくことも大切です。

さきほど紹介した伊賀弘三良君は、若い頃から小松左京、梶山季之、松本清張、五島勉、森村誠一という錚々たる作家を担当したことで、ベストセラーを続出したのですが、私はこれらの作家は幸運だったな、と思うのです。世間は作家の力しかわかりませんが、実は編集者が作品の何割かに関わっているのです。

もし出版社とつき合うチャンスに恵まれたならば、ぜひ実力のある編集者に担当してもらうことです。しかしこれは出版社が決めることなので、運・不運があります。どうも自分としては、この編集者と合わないという場合は編集長に直訴するか、他社に鞍替えするかを、考えたほうがいいと思います。

その代わり、全力を出し尽くさなければなりません。また出版社側が力を入れてくれるように、作者側も作品の幅を広げていかなくてはならないでしょう。

「読者の声」を武器にする作家の技術

……………本田 健

櫻井先生がおっしゃるように、編集者の力は重要ですが、作家自身が「読者の声」を武器に変えることも、長く愛される作家になるために不可欠なスキルです。

作家という職業は、基本的に孤独なものです。一人で原稿に向かい、自分の内面と対話しながら、言葉を紡ぎ続けるのが仕事です。

でも、「読者の声」に触れることで、この孤独な作業に新たな方向性や活力が生まれます。読者の声は、賛辞や批判のどちらであっても、次のステップへ進むためのヒントやインスピレーションの宝庫になり得るのです。

私が初めて読者から感想をいただいたのは、デビューして間もない頃のことでした。

出版講演会の後のパーティーで、参加者の一人が、「本田さんの本を読んで、人生を変えてみようという勇気が出ました」と興奮して語ってくれて、深く心を動かされたのを今でも覚えています。私の本が誰かの役に立ったという実感を得て、作家としての自信と使命感も与えてくれました。それ以来、読者の声をできるだけ聞くような機会を設けるように心がけています。

読者の声を聞くといっても、どのように活用し、次の作品や活動に結びつけるのでしょうか？

読者からの感想には、時に厳しい批判や予想外の意見が含まれることがあります。それに対して感情的になるのではなく、「なぜそのように感じたのか」を冷静に分析することが大切です。

批判には改善点や新しい視点が含まれている場合が多く、それをいったん受け入れましょう。たとえば、ある章が「難解すぎる」と指摘された場合、どこがどうわかりにくかったかを聞けばいいのです。

もちろん、読者の感想すべてをそのまま反映する必要はありません。

重要なのは、多くの読者が共通して感じている意見や期待を見極めることです。

SNSやアンケートを通じて集まったフィードバックを分析し、共感を得たテーマや読者が求めている内容を把握することで、次の作品の方向性が見えてきます。

特にビジネス書や実用書では、具体的な問題解決やノウハウに関するリクエストが次のアイデアのヒントになることが多いものです。

「もっと具体的な事例が読みたい」「こういう課題に答える内容があれば嬉しい」といった感想や質問は、次の企画の方向性を教えてくれる貴重なヒントです。私自身、読者から寄せられた要望をもとに、新しい章立てや次作の構想を練ることが少なくありません。

読者の声に耳を傾ける作家は、自分の世界に閉じこもることなく、読者と共に進化し続けることができます。

読者のちょっとした感想には、次の成功作の種が必ず隠されています。その声を拾い上げ、磨き上げることで、より多くの人々に届く作品が生まれるのです。

第4章の終わりに「もう一言対談」

売れなくなった作家にカムバックはあるか

本田　第4章では「読者の心をつかむ言葉の力」をテーマに、作家がどのように読者とつながり、信頼を築くかについてお話ししました。その中で、読者に響くメッセージの重要性や、作家としての使命感についても触れることができたと思います。しかし、どんなに強いメッセージを込めた作品を書いても、作家人生には浮き沈みが避けられません。時代の変化や読者の嗜好の移り変わりによって、これまで成功を収めていた作家が「売れなくなる」という現実に直面することもあります。ここでは、その「売れなくなった」作家がカムバックする可能性について、お伺いしたいと思います。先生は長年、多くの作家と向き合ってこられましたが、そうした困難を乗り越えた作家もいらっしゃったのでしょうか？　その秘訣や、再起を果たすための具体的な方法について、ぜひお聞かせください。

櫻井　売れなくなった作家がカムバックした、というケースを私は知りません。率直に申し上げると、売れなくなった作家がカムバックするのは非常に難しいのが現実です。一度市場から消えた作家が再び脚光を浴びるというのは、可能性がゼロとはいえませんが、それこそ奇跡でも起こらない限り、無理でしょう。出版社から「過去の人」と見なされてしまうと、そのイメージを覆《くつがえ》すのは想像以上に厳しいのです。

本田　売れなくなるというのは、読者に飽きられてしまったということですよね？　本を出しても売れないので、出版社から依頼がなくなるわけですね。一度ベストセラーを出すと、過去の成功が重荷になることがあります。「あの大ヒットを超えるものを」というプレッシャーが、作家自身を苦しめることも少なくないようです。

櫻井　本が売れなくなるというのは、たしかに、読者に飽きられてしまうということはありますが、つまりは、出版社から注文がこなくなる、ということです。読者に飽きられたというなら、飽きられないテーマの本を書けばいいわけです。作家にとって怖いのは、読者に飽きられることより、出版社に嫌われることなんです。

本田　出版社に嫌われる?

櫻井　仕事は人間同士ですから、ここでいう「出版社」というのは「編集者」のことです。本というのは、編集者の企画書からスタートします。最近は、企画書は、作家自身に書かせるということもあるようですが、その企画書を会社に出すのは、その社の編集者になります。売れなくなるというのは、次の本が出せないということです。それが、出版社から注文がこない、という事態になるわけです。

本田　編集者との関係が、それほど大事だということですね。

たしかに、編集者は作家にとって大切な存在です。編集者という人の存在が、作家をつくっていく、とも思っています。

編集者の人と話していて、次のテーマのヒントをもらったり、漠然としていたテーマが、具体的になったり、ということもあります。

私は担当してくださっている編集者の方々には感謝しかないのですが、そんな編集者と会えなくなるというのは、寂しいですね。

櫻井　本田さんのように、編集者に存在価値を認められる作家であれば、編集者は離れません。売れなくなるというのは、いつのまにか編集者がいなくなっていた、ということなんです。そんな寂しいことはありませんよね。

ただし、編集者のほうも、作家が離したくない存在にならなければなりません。そういう編集者がいない作家は、消えていくしかありませんが、そんな編集者が減っているということは否定できません。いまは、その編集者にかわって、優秀な出版コンサルタントという人たちが出てきましたね。

本田 出版コンサルタントは、もとは出版社の編集者だという人が多いですが、出版社のことも作家のこともわかっていて、かつベストセラーを出した経験もあるので、まだ担当編集者がいない作家には、心強い存在です。弁護士や税理士などの専門家に相談するような感覚で、つき合っていけると思います。実際に、そうした人たちのアドバイスを得てベストセラーが生まれた例もたくさんあります。

一人で悩むよりも、そういった専門家に相談することが、スランプを抜け出す鍵になるかもしれませんね。

櫻井 まさにその通りです。蛇の道は蛇ではないですが、出版の世界というのは、他の業種、業界からすると、かなり特殊な業界だといえるかもしれません。他業種で成功された人には、びっくりすることも多いのではないでしょうか。

本田　たしかに、他の業界とは違うことは多いですね。その意味でも、私が大切だと思っているのは、作家同士のつながりです。同じ志を持つ仲間たちと情報交換したりすることで、悩みが軽くなったり、新しい視点が得られることも多いですよね。

櫻井　作家は孤独な職業ですから、仲間との交流がスランプを乗り越える力を与えてくれることがあるでしょう。

名作を生み出した作家の多くは、何らかの形で仲間や信頼できる編集者との深い関係を築いていました。また、仲間の成功を間近で見ることで、自分のモチベーションも高まるという効果もあります。

本田　一度成功を経験した作家にとって、その後の低迷期は心理的にも大きな負担でしょうね。ただ、長い期間ヒット作が出ていなくても、時折「久々にベストセラーを出した」という話を聞くことがあります。そこには編集者の存在もあるのでしょうね。

櫻井　ヒットが出ても、数年も経《た》てば、必ず部数は落ちていきます。

「前より落ちてきたな」と思っても、あまり気にしないことです。なぜ、そういえるかといえば、私が編集長時代に身につけた「吊り橋の法則」があるからです。

吊り橋は、塔のあいだをわたるメインケーブルから垂らしたハンガーロープで橋桁を吊ったものですが、そのロープは塔からいったん下がって、また次の塔に向かって上がっていきます。雑誌の売れ行きもそれと同じで、ピーク（塔の地点）に達すると、そのあとは下がっていきます。でも、下がったままじゃない。まもなくすれば上がっていきます。そして、またピークを迎えるのです。

吊り橋と違うのは、次のピークが来たときに、前のピークの地点よりも、少しでも上をいくように目指すのです。そうすれば、そのピークのポイントをつなげていけば、部数は右肩上がりに伸びていくわけです。そのあいだに少しくらい落ちることがあっても、長い目で伸びていけばいいわけです。

本田　作家の成長というのは、短い期間で見てはダメだということですね。それはビジネスでも投資でも同じことがいえますので、とてもよくわかります。
作家としては、そういうふうに考えれば気持ちも楽になりますし、次のピークを見据えて、それこそ信頼できる編集者と一緒に、新しいテーマに取り組んでいくことができます。

そうなれば、売れなくなるときのことなど、考える必要もないかもしれませんが、それでも、作家として売れなくなることがないとは限りません。いまの厳しい出版状況や時代の変化を考えると、そういう作家は増えていくのではないでしょうか。

そうなったとき、作家ができる手立てというのは、やはり、ないのでしょうか？

櫻井

一つあるとすれば、いまの名前を捨てることです。

2章で、色川武大が阿佐田哲也という別のペンネームがあることで、書けるジャンルを広げることができたという話をしましたが、別の名前ならば、売れない作家の原稿も、売れるかもしれません。

「売れなくなる」というのは、「売れた」からこそ、そんな目にあっているわけです。もともと売れない、本が出せない人にはない実力はあるはずです。でも、一冊の本が大ベストセラーになったり、そうして本を出して一時代を築いてきた実績があったりすると、その「筆名」が、次の展開の邪魔をすることがあるのです。

本田

本は取次店を通して、全国の書店に配本されますが、どれだけ配本してもらえるかで、部数が決まります。そして、どれだけ配本できるかの数字は、それまでの実績データに左右されます。取次店、出版社は、その著者の本が、どれだけ売れているのかということをデータでわかっているわけです。

だとしたら、名前が変われば、データは変わります。悪いデータも消えるかわりに、よかったデータもなくなります。新人として勝負していくことになるわけです。

名前を捨てる！　というのは、すごい決断が必要だと思いますが、でも実際は、捨てる必要はないわけですよね。

本というのは、いったん出版されたら、そのまま1作品として登録されています。捨てたくても捨てられないのが、本であり、作家の仕事といえるのかもしれません。

でも別名でチャレンジしていくのは、面白そうです。

「本田健」というのはペンネームで、世界でも通用する名前として考えました。冗談交じりに「本だけ」の名前だから、ということもありますが、「本田健」という名前を持って、多くの人とつながることができました。

また新たな名前で、新しい世界で、新しい人たちとつながれるかもしれないと思うと、ワクワクしてきました。

櫻井 本田さんが新しい名前で、新しいジャンルの本を書かれるのなら、ぜひ見てみたいと思いますが、本田さんの場合には、なかなか出版社が名前を変えることは許してはくれないでしょうね。しかし、そんな作家は、その名前の強さを利用して、新しいことにチャレンジできます。

本田 大事なことは、作家として滞らない、停滞しないことです。それが、「売れない」状況をつくらない、そんな状況になっても、また作家としてカムバックできる、唯一の方法というわけですね。

本が売れなくなったら、職業を変えて、別の名前でやり直そうと思ってます。歌手に転向して、歌田健とかどうでしょうか？　やっぱりダメかなぁ（笑）。

第5章

デジタル時代に広がる作家の可能性

□□

ＡＩ時代の作家——技術を超えて人間らしさを届ける ……………本田　健

デジタル技術が急速に進化し、ＡＩが執筆できるようになりました。そんなわけで、作家に求められる本質的な価値も大きく変わりつつあります。

最新のＡＩは、文章の生成や編集を短時間で行え、作家がこれまで費やしていた多くの時間を節約できています。一方で、技術が進化したために、人間の作家よりも上手にＡｉが小説を書けるようになっています。

ＡＩを使えば、過去10年のトレンドや読者の好みを瞬時に把握し、新しいテーマを見つける助けになります。ただし、そのテーマをどう解釈し、深みを持たせるかは、作家自身の洞察と力量次第でしょう。

ＡＩがいかに優れた文章を作成できても、「人間らしい感情」や「深い人生の洞察」を伝えることはできません。作家が紡ぐ言葉には、体験や直感、感情が織り込まれています。

この「人間の痕跡《こんせき》」が、読者の心を動かし、作品に生命を吹き込むのです。

拙著『happy money』の執筆過程では、私自身の体験が、物語やメッセージに大きな影響を与えました。ＡＩが同じテーマを扱ったとしても、それは単なるデータの組み合わせに過ぎず、読者の心に響くことはなかったでしょう。

ＡＩが膨大な情報を処理する能力を持つ一方で、作家には「本質を見抜き、それを美しく表現する力」が求められます。

作家の視点や感性は、ＡＩでは模倣できない要素です。それは、読者が作品を通じて共感や感動を得るための唯一無二の源泉です。これこそが、作家が読者に「またこの人の作品を読みたい」と思わせる力となります。

ＡＩの時代において、作家が追求すべきは「機械では生み出せない価値」です。それは、作家自身の体験や視点、感情を作品に込め、読者の心に深く刻むことです。リサーチなどは、ＡＩを適切に活用できると思います。

いままで以上に読者と深くつながることを意識することです。そこには作家としての喜びと未来を切り拓く鍵があるのです。

□□ デジタルで広がる主題――AIとSNSの活用法 ………… 櫻井秀勲

デジタル時代の到来は、作家に新たな挑戦と可能性をもたらしています。この時代をどう生き抜き、どのように活用するかが、作家としての未来を大きく左右するでしょう。

私が新人で「面白倶楽部」に配属された同年に、「アンパンマン」の作者、やなせたかしさんが独立しました。

やなせさんは、もともと三越百貨店の宣伝部に勤務していましたが、「自分が本当にやりたいことは、マンガを通じて子どもたちにメッセージを伝えることだ」と考え、マンガ家への道を決意しました。そのタイミングで、私は彼の担当になりました。年齢は干支でちょうど一まわり、12歳、彼のほうが上でしたが、「新人同士」というつき合いで、自然と仲良くなり、彼が亡くなるまで親しい仲が続きました。

やなせさんには、マンガ家、絵本作家としてだけでなく、詩人としての一面もあり、

「手のひらを太陽に」の歌詞も、先生の作品を通してのテーマ、主題に通じています。「アンパンマン」を発表されたのは、やなせさんが50歳のときです。最初は絵本からスタートしましたが、いまはアニメーションにもなって、日本だけでなく、世界中で愛される作品になっています。そこにこめられた「優しさと勇気」という強い信念が、それを生んだのでしょう。

1964年撮影、やなせたかし
（毎日新聞社提供）

もし、やなせさんが現代のデジタルツールを使っていたら、「アンパンマン」の信念やメッセージはさらに広がり、世界中の子どもたちに直接届けられたでしょう。

□□ 創造力を引き出すＡＩ執筆術

……本田 健

ＡＩの登場は、作家にとって革命的な変化をもたらしました。執筆に取り組むとき、多くの作家が直面する壁があります。「アイデアが浮かばない」「時間が足りない」「推敲《すいこう》が進まない」――これらは誰もが経験する悩みでしょう。そんな中、現代の作家にとって大きな助けとなるツールがＡＩです。

ＡＩは単なる補助ではなく、執筆効率を劇的に向上させると同時に、作家が創造的な作業に集中できる環境をつくり出します。

ＡＩの最も大きな利点の一つは「時間の短縮」です。

たとえば、構想段階で必要なリサーチ作業。これまでなら膨大な時間を費やしていた情報収集も、ＡＩを活用すれば短時間で的確な資料を見つけ出すことができます。また、文章校正や文法チェックにおいてもＡＩは優れた力を発揮します。誤字脱字や文法の誤りを瞬時に指摘してくれるため、作家は執筆の本質に集中することが可能になります。

ＡＩはまた、アイデアの発掘や拡張にも役立ちます。

特定のテーマについてインスピレーションを得たいとき、ＡＩにキーワードを入力するだけで、多角的な視点や参考例を提示してくれます。また、物語の構造を組み立てたり、キャラクターの特徴を整理したりする際にもＡＩがサポートしてくれるため、新たな創造の可能性が広がります。

私自身、執筆活動の中でＡＩを取り入れています。特に、文章のリズムや構成を見直す際には、ＡＩが提供する提案が役立つ場面が多々あります。ただし、重要なのは「ＡＩを使いこなす」意識です。ＡＩの提案をそのまま受け入れるのではなく、自分の感性を基準にして取捨選択することです。

「ＡＩが作家の仕事を奪うのでは？」と感じる方もいるかもしれません。しかし、ＡＩはあくまで補助ツールであり、作品に生命を吹き込むのは作家自身です。技術が進化するほど、人間らしい感性の重要性が増すでしょう。

ＡＩは脅威ではなく、作家の可能性を広げるパートナーになりえます。

ＡＩという新しいツールを活用し、創造性をさらに広げることで、作家たちは、これまでにない未来の作品を生み出せる。私はそう思っています。

時代の流れを読み取って、これからに生かす……櫻井秀勲

未来を予測し、社会のニーズを先読みする力は、デジタル時代を生きる作家にとって欠かせない資質です。ＡＩやＳＮＳを駆使することで、これをさらに強化できるのです。たとえば、ＡＩが提供するトレンド分析の能力を活用すれば、未来の社会における新たなテーマを見つける助けになります。

ところで、いまでは「美容整形」も、それほど特別なことではありませんし、テレビや雑誌でも当たり前のように広告されていますが、私が「女性自身」の編集長になった頃には、美容整形の類いを広告することは、ほとんどありませんでした。

しかし私は、当時の高須クリニックの高須克弥先生の仕事ぶりを見て、「美容整形が女

性の運命を変える時代がくる」と考えていました。その予測が的中し、現代では美容整形が人生に大きな影響を与える社会的なテーマになっています。これは一例ですが、作家が未来の社会を予測して主題を設定する力は、とても重要です。

さらに、1980年代にアメリカの新聞で「2000年代になると、社会人のための学校ができる」という記事を目にしたときのことを思い出します。当時は「社会人のための学校」という概念がまったく理解できず、多くの人に意見を求めても明確な答えが出ませんでした。

しかし、2000年以降、セミナーという形で、学校を卒業して、社会人になっても学び続ける時代が到来しました。私は、こうしたセミナー文化をいち早く広めたのは、本田健さんの功績だと思っていますが、現代の作家術の新しいスタイルを示しています。

過去に私が「美容整形が女性の運命を変える」と予測したのは、編集現場での読者からの反応や時代の流れを読み取ったからでした。もし当時AIがあったなら、膨大なデータを瞬時に分析し、同じ結論により早く達することができたでしょう。

AIを活用することで、未来のテーマやトレンドを精密に予測し、作家としての直感と組み合わせてより深い主題を生み出せます。こうした新しいアプローチが、作家にさらなる可能性を広げるのです。

現代の作家に求められるのは、ＡＩやデジタル技術を単なる道具として利用するだけでなく、自分自身の視点や感性を活かして未来を読み解き、それを作品に反映させる力です。ＡＩが示すデータや分析結果をもとに、作家自身の直感や創造性を加味することで、読者の心に深く響く独自の作品が生まれます。

デジタル技術が提供する「効率性」と人間らしい「洞察力」を組み合わせることが、これからの作家術の鍵となるのです。

ＡＩを使えば、膨大なデータを分析して読者のニーズを把握したり、トレンドを予測したりすることができます。さらに、プロットやキャラクター設定をＡＩにサポートさせることで、創作の幅が広がります。

たとえば、ＡＩを利用して過去10年の人気作品のテーマを分析し、新たなトレンドを発見することが可能です。また、ＡＩが提示するキャラクターの性格や設定アイデアを参考に、自分なりの物語を肉付けしていくこともできます。まもなく私自身も、『目的別！　仕事で使える　ＡＩ活用事典』（きずな出版）などの著者、加納敏彦さんを中心とした「ＡＩ学校」を開いて、新しい時代の作家術を学べる場をつくるつもりです。

オンラインで広がる作家活動の可能性………本田　健

作家活動の舞台は、本だけの世界にとどまらず、オンラインへと広がりました。この新しい環境は、作家に無限の可能性をもたらしています。

かつて作家の活動は、書籍を出版して読者に届けることが中心でした。でも、いまはオンラインという新たな舞台が現れました。この変化は、作家に新しいチャンスをもたらしています。

オンライン活動の最大の魅力は、「制約のなさ」にあります。

従来の出版プロセスには、多くの時間とコストがかかり、読者に届けるまでに高い壁がありました。電子書籍のプラットフォームのおかげで、作家は自分の作品を簡単に発表し、世界中の読者に届けることが可能になりました。これにより、出版社や紙媒体に依存せず、自分のペースで執筆し、発信する自由が生まれたのです。

SNSやブログ、YouTube、ポッドキャストといったオンラインプラットフォームは、作家に新しい表現の場を提供しています。文章だけでなく、音声や映像といった多角的な形式でメッセージを伝えることが可能になりました。たとえば、執筆中の舞台裏を公開したり、作品に込めた思いや背景を語ったりすることで、読者に親近感を持ってもらうことができ、それによって、より深いつながりを築けます。

たとえば、SNSで日々短編小説を公開したところ、フォロワー数が急増し、ついには出版社から書籍化のオファーを受けた人がいます。このように、デジタル時代は作家が自身の価値を直接読者に伝えるための場を提供し、それがキャリアの転機になる可能性を秘めています。

SNSでの発信を始めたいけれど何を投稿すればよいかわからないという場合、次のステップを参考にしてください。

❶執筆中の本の進捗やプロセスを共有する
❷読者に対して執筆の思いについて、直接語りかける投稿をする
❸自分の作品がどのように生まれたのかをエピソード形式で紹介する

私自身、SNSや動画配信を通じて自分の考えを世界に発信しています。特に動画では、自分の声や表情を通じてメッセージがダイレクトに伝わります。動画が何千万回も見られたおかげで、新しいファンを引き寄せ、既存の読者との関係も深くなりました。

オンライン活動の特徴は、「双方向性」にあります。

ライブ配信では、読者からの質問や意見をリアルタイムで受け、それを執筆に反映させています。

クラウドファンディングも、注目すべき分野です。作家は読者から直接支援を受けて本を出版できるようになりました。商業出版のハードルの高さを感じている新人作家にとって、クラウドファンディングは、強力な手段となるでしょう。読者と作家が共同で作品を育てるという感覚を持てるので、出版後、読者が率先して宣伝もやってくれます。

一方で、オンライン活動には課題も伴います。

ＳＮＳでの発信には一貫性と誠実さが求められます。軽率な投稿をしてしまうと、批判的な意見が大量に返ってきて、いわゆる炎上するという状態になります。それをいいＰＲだと割り切れる人もいますが、メンタルが弱いと、その後文章が書けなくなってしまったりします。

現代の作家には、50年前と違って、まったく違った新しいスキルが求められています。

オンライン時代の作家に求められる視点……櫻井秀勲

オンラインという新しい舞台で活躍する作家には、かつての作家とは異なる能力や視点が求められます。ＳＮＳやYouTubeを使って自分の考えを直接発信することは、94歳の私でも普通のことになりましたが、読者とのコミュニケーションを築くのに、これほど便利なツールはありません。

私が「女性自身」や「微笑」の編集長を務めていた時代は、読者の声を聞くには、せいぜい読者からのハガキやアンケートです。それでも、読者の反響というのは、感じることができました。特に、「微笑」に「口裂け女」の記事を掲載したときには、その反響の大きさにびっくりしました。

「口裂け女」の話は、60歳以上の人なら覚えているかもしれません。

それは、ある記事が没になって、空いた2頁をどう埋めるか、なにか面白い記事はないかを決める会議から始まりました。「微笑」は隔週刊でしたが、時間は待ったなしです。

いくつかの意見が出ましたが、どれも今ひとつというものでした。誰もが下を向いて、アイデアも出なくなったとき、一人の編集者が口を開きました。

「そういえば、今朝の山手線で、口の大きい女性がいたんですよ」

それはアイデアというものではなく、世間話のように出たものでしたが、私は「それだ！　それでいこう！」と叫びました。

昔から、日本女性は「おちょぼ口」――日本酒を飲むお猪口くらいの小さめの口が美人とされていました。江戸時代の浮世絵を見れば、一目瞭然です。しかし、これからは、お猪口から生ビールのジョッキに変わっていくと思っていました。そうなれば美人の基準も変わっていくはずです。実際、いまの女性たちの口は、大きくなったと思います。

それはともかく、口の大きい女性は「口裂け女」として、「山手線で見た！」という記事を載せたのです。ウソではありませんが、でっち上げといわれてもしかたありません。でも、雑誌には、そんな遊びの頁は必要です。

とりあえず載せた記事でしたが、その掲載誌が発売された直後から、編集部の電話が鳴りっぱなしになりました。どれも「私も口裂け女を見ました！」というものです。

それは社会現象といわれるまで広がって、一大ブームを巻き起こしました。

掲載の経緯を知っている私には、複雑な思いがありましたが、「読者の反響」ということでは、あれほど、読者を身近に感じたことはありません。

あのときSNSがあったら、もしかしたら口裂け女は、日本を飛び出して、世界にまで広がっていったかもしれません。

いま私が感じていることは、かつて編集現場で感じた読者の反響は、デジタル時代の双方向的なコミュニケーションの原型ともいえるものだったということです。SNSや

YouTubeがこれを進化させ、作家活動をさらに広げています。

デジタル時代における作家は、読者と双方向のコミュニケーションを意識すべきだと思っています。それが可能になったのが、デジタル時代です。

さらに重要なのは、作家自身が「読者にどのような価値を提供できるのか」を常に考え続けることです。現代では情報が氾濫《はんらん》していますが、その中で一瞬でも読者の心に響くメッセージを届けることができれば、それは長い間記憶に残るものとなります。

SNSを活用して自分の作品、考え、生き方を書いて、人気を博したという人も少なくありません。その成功の鍵は、短いながらも強いメッセージを持ち、読者が共感しやすいテーマを選ぶことにあります。

デジタル時代では、技術やツールに振りまわされるのではなく、自分の主題やメッセージを軸に据えることが大切です。読者は、その作家が本当に伝えたいことを知りたいと願っています。そして、作家がその思いを誠実に発信し続ける限り、オンラインの舞台で新たな可能性を切り拓くことができるでしょう。

□□デジタル時代を勝ち抜く自己ブランディング……本田 健

デジタル時代は、作家に新たなチャンスと挑戦をもたらしました。

ひと昔前なら、作家の仕事は執筆だけでよかったのが、現代ではＳＮＳで積極的に発信しなければいけなくなりました。自分ブランディングについても考える必要が出てきました。自己ブランディングとは、単なる自己宣伝ではなく、価値観や世界観を読者と共有し、信頼と共感を築くプロセスです。

まず作家としての核となるテーマや価値観を明確にすることが重要です。伝えたいメッセージを一貫して発信することで、読者に強い印象を与えることができます。「自己成長」「挑戦」「心の癒し」など、共感を呼ぶテーマに焦点を当てることで、同じ価値観を持つ読者が自然と集まるのです。この核が明確であるほど、発信するメッセージに深みと一貫性が生まれ、それが読者との信頼構築につながります。

ユニークな発信ができると、他の作家との差別化ができるでしょう。自分の体験に基づいたオリジナルの発信は、読者の心に響くことでしょう。フォロワー数や「いいね！」の数に一喜一憂せず、自分らしい発信を続けることです。

Instagramでは視覚的に作品の世界観を表現し、Xでは短い文章で強烈なメッセージを伝えることができます。年配の人が対象なら、facebookがいいでしょうし、若者が対象ならTikTokがいいでしょう。すべての年代向けには、YouTubeやPodcastが向いています。

こういうソーシャルメディアは、一つだけでいいというわけでなく、戦略的に組み合わせることで、ブランドの魅力をつくることになります。

何を主題に書いていくか……櫻井秀勲

「フィクションだから何を書いてもいい」と考える人がいたら、それは大きな誤りです。作品を引きつけるために、面白さは欠かせない要素です。そこには、読者が心から共感し、記憶に残る作品には必ず「主題」という核が存在します。主題とは、作家が作品を通じて伝えたい、深いメッセージであり、これが作品の土台となります。

主題がどれほど重要かを示す例として、古い話ですが、「月光仮面」の主題歌や昭和のヒット曲「おふくろさん」の作詞家でもある川内康範《かわうちこうはん》氏のエピソードを挙げたいと思います。

「おふくろさん」は、彼自身の母への感謝と愛を込めた楽曲で、日本中で親しまれる名曲となりました。しかし、その歌詞の一部を歌手の森進一が勝手に変更したことで川内先生は激怒し、この曲の使用を禁じたというエピソードがあります。川内先生が作品に込めた「母の愛、母への思い」という主題が軽視されたと感じたからこそ、このような強い反応を示されたのです。

作家にとって、「主題」へのこだわりは捨てたくても、捨てられないものです。

川内先生は私のことを「軟骨《なんこつ》さん」と呼び、私が彼を「硬骨《こうこつ》さん」と呼ぶほど親しい間柄でした。

主題を明確に持つことで、作品は単なる娯楽を超え、読者の心に永遠に刻まれるものとなります。川内先生が数々のヒットを生み出したことを見ても、それがわかります。

これからの作家に必要なチームを養う経済力……本田 健

自分なりの主題を明確に持つことで、自己ブランディングができていきます。そして、それを築いていくのに大切なのは、長期の視点で見ることです。

一時的な注目を集めるだけでなく、関心を引き続けるためには、ずっと発信していかなければいけません。継続的に有料級の情報を発信していかなければ、第一線で活躍することはできないのです。

こういう活動を自分一人でやるのは、難しいと思います。かといって、身近な人にやってもらったら、いいわけでもありません。たとえば、YouTubeで発信する場合、自分のスマホで収録して、大学生の娘か息子に編集して貰えば、お金はたいしてかかりませんが、ビデオには素人っぽさが出てしまうでしょう。

もし、プロのチームを雇って、本格的な撮影機材を揃《そろ》え、編集にも凝《こ》ったりすると、大変です。毎月数人のスタッフを雇うと、１００万円をこえる金額になるでしょう。

作家として第一線で活躍しようとすれば、ちょっとしたプロダクション会社を経営するぐらいの経済力がいります。

そんなＰＲのチームを養うためには、本の印税だけでなく、多様な収入源を確保することが必要になってきます。

たとえば、次のような手法が考えられます。

❶定期的な収入をもたらすファンクラブ
❷電子書籍のセルフパブリッシングによる、新たな印税
❸クラウドファンディングを活用したプロジェクト資金調達
❹自身のＳＮＳフォロワーを活用したオンライン講座
❺専門知識を活かしたビジネス、コンサルティング、お店、商品開発などの関連ビジネス

こういう活動を組み合わせることで、チームを維持することができるでしょう。

作家が新しい時代にどうお金が稼げるかは、拙著『作家とお金』（きずな出版）に詳しく書いていますので、読んでみてください。

デジタル時代において、作家活動の幅は大きく広がっています。オンラインでの発信を活用すれば、読者とのつながりを深め、作品の影響力を高めることができます。単なる「書く人」から「発信者」へと進化できるのです。

ただし、どのような時代であっても、作家の本質は変わりません。読者が求めるのは、作家が心をこめて紡いだ言葉であり、その言葉に宿る感情や思想です。テクノロジーが進化しても、人間が生み出す本質的な価値は揺るぎません。

オンラインの活用は、作家にとって大きな武器になります。しかし、単なる流行や数字に振りまわされるのではなく、自分が届けたいメッセージを大切にしながら、長期的な視点で発信を続けていくことが重要です。

新しい時代を生きる作家にとって、変化を受け入れながらも、自分だけのスタイルを貫くことができるか。時代に流されるのではなく、時代を活かして表現の幅を広げること。それが、デジタル時代における作家の新たな挑戦ではないかと考えています。

第5章の終わりに［もう一言対談］

デジタル時代をリードする作家の条件とは？

櫻井　デジタル時代は作家にとってまさに変革の時代です。ＡＩやＳＮＳという新たなツールは、作家が読者とつながる方法を大きく変え、可能性を広げています。私のような昭和の編集者にとっては驚きの連続ですし、94歳になる私でも日々新しい発見があります。ただ、この変化のスピードには、正直なところついていけない部分も感じています。

本田さんは、これまでＡＩやＳＮＳを積極的に活用し、多くの読者と深くつながり続けていらっしゃいますよね。その経験を踏まえて、デジタル時代をリードする作家の条件とは何なのか、ぜひ教えていただきたいと思います。

本田　ＳＮＳとＡＩの進化のために、作家という職業は、大きな変革期を迎えています。これまで作家の主な活動は書籍の出版が中心でしたが、現在では電子書籍、ＮＦＴ

だけでなく、新しい可能性がいっぱい出てきました。

このような変化の中で、作家は「ただ文章を書くだけの人」から「新しい価値を生み出すクリエイター」へと進化することが求められています。変化しなければ、本とともに、オワコンになってしまうでしょう。

櫻井　いつの時代も、時代の変化についていけなければ、作家は生きてはいけないのです。昭和を振り返れば、戦後と戦前では、それまでの生活、教育、価値観、考え方は大きく変わりました。いえ、大きくどころか、まったく変わってしまったといっていいでしょう。

私は昭和6（1931）年に生まれました。大学を出て、光文社に就職したのが、昭和28（1953）年。光文社では、初めて大卒の社員が、私を含めて3人、入社して、大きな期待を持って迎えられました。それまでの出版には言論の自由などないに等しいもので、戦前は国、日本軍の規制、戦後はGHQの管理下のもと制限されていたということがありました。それがようやく自由になり始めたのが、私が就職した頃だったのです。その意味で私は、ラッキーな世代でした。

その後の高度成長期、バブル時代、そして不況……そういう変化の中で、売れる本も変わっていきます。印刷の仕方だって変わりました。普遍のテーマというものはありますが、ずっと同じでは、やっていけない。本田さんのいう通り、オワコンとして消えてしまうしかないわけです。

本田　意識の変化を考えたら、それこそ私が作家デビューした20年前を振り返っても、大きく変わっていきます。当時はまだ、ようやくケータイ電話が普及したところで、スマホなどなかったのですから。いまの生成AIなど、想像もできなかったと思いますが、いまでは、「ついていけない」といってはいられないほど、すごい勢いで、それらは進化しています。

AIツールは、作家の創作プロセスにも大きな影響を与えています。たとえば、ChatGPTのような生成AIを使えば、プロット作成やキャラクター設定、文章の校正、さらにはアイデアの拡張が短時間のうちにできてしまいます。

ある作家は、AIを活用して物語の骨格を生成させ、それに独自の視点を加えることで新しい執筆スタイルを確立しました。

このようなツールを使うことで、執筆効率が向上するだけでなく、発想の幅を広げることができます。ただし、ＡＩはあくまでも補助的な存在です。作品の本質を形づくるのは、作家自身の感性と個性です。逆に、ＡＩでつくった小説以上の本を書かないと、あっという間に埋もれてしまうでしょう。

櫻井 ＡＩを使えば、小説も書けてしまう。じつは今、まさにその実験を私はしているのですが、ＡＩでつくった小説は面白いのか、「小説」というレベルのものができるのか、というところを見るのが、その実験の目的です。

本田 それは面白いですね。でもＡＩで本格的な小説が書けるようになるまでには、まだまだというところではないでしょうか。

櫻井 そうですね。いまの段階では、おそらく、それらしいものはできるのではないかと思います。いまの時点では、「それらしいもの」というのが、ＡＩの限界でしょう。これからの作家は、それ以上のものをつくっていかなければなりませんが、だからといって、「人間VS生成ＡＩ」で戦う必要はないわけです。本田さんがいわれる通り、あくまでも補助ツールとして使う、ＡＩと共に創作していこうと考えたら、これまでとは違った作品、自分だけではできなかった作品、世界も創造していけるでしょう。

本田　また、「NFT（非代替性トークン）」は、デジタル作品の収益化において新たな道を開いています。短編小説や未公開原稿をNFTとして販売することで、作品の希少性を高めながら新しい収益モデルを構築することが可能です。

実際に、短編作品をNFT化して販売した作家の事例では、熱心なファンにとってその作品が特別な所有体験となり、作家自身には直接的な収益と継続的なロイヤリティがもたらされました。このようなモデルは、従来の出版形態を補完する新たな可能性を秘めていますが、これも適当な作品を作っている作家には、真似をすることができません。

櫻井　前で色川武大（阿佐田哲也）のことをお話ししましたが、彼は、1989（平成元）年、心筋梗塞を起こして、あっという間、60歳になったばかりで亡くなりました。その直前、たまたま会って、久しぶりだからとコーヒーを飲みました。

色川さんは、私より2歳上でしたが、編集者になったのが同じ年だったので、会えば同級の仲間のような感覚で、たちまち編集者時代に戻ってしまうのです。

そのときも、「二人で雑誌をつくろう」と盛り上がりました。

彼が言うには、

「1冊1万円の雑誌にするんだよ。

そこに俺がペラで500枚の小説を書いて載せる。

その付録に、500枚の、その原稿を1枚ずつつけるんだ。

500部限定の雑誌にするんだよ」

私も「それは面白い！　やろうやろう」といって、「じゃあ、近いうちにまた会おう」と別れたのです。色川とはそれが最後になりましたが、生きていたら、彼のアイデアは実現できたでしょう。

いま、なぜこんな話をするかといえば、色川がやろうとしていたことは、「いまのNFTだった」と思ったからです。

ちなみに、「ペラ」というのは、200字詰めの原稿用紙のことです。

いまから40年近く前の時代にも、こんなことを考えていた作家がいたのです。

本田　色川先生のアイデアは、40年前のものとは思えないですね。でも考えてみると、ツールができたからアイデアが生まれるのではなく、アイデア――やりたいことがあって、ツールができていくんですね。昔なら難しかったことが、いまなら簡単にできるようになる。それこそ、この時代の作家であることに感謝です。

作家として成功できると、一つの物語を複数のメディアで展開する「クロスメディア戦略」も可能です。小説を映画やドラマ、ゲーム、さらには「VR（仮想現実）」コンテンツとして展開することで、何度も印税をもらえます。

小説が映画化されたことで、新しいファンを獲得し、書籍の売上も飛躍的に向上した事例があります。このような多角的な展開は、作家のブランド価値を高め、物語の可能性を広げる効果があります。

デジタル時代をリードする作家には、圧倒的なコンテンツ力が求められます。作家が持つ個性や感性がこれまで以上に重要になっていくでしょう。AIやSNSを活用することで新たな扉を開きながら、自分だけの価値を読者に届ける。それが、これからの時代をリードする作家の条件といえるのではないでしょうか。

第6章

作家の挑戦と成長

過去から未来への道しるべ

□□ 書き続ける力――日常に執筆を取り入れる …………本田 健

作家としてのキャリアを積む中で、大きな課題の一つが、「書き続けるモチベーション」をどうやって維持するかです。ハイペースで執筆し続けるのは、簡単ではありません。本が売れることは有り難いことですが、そのためにインタビュー、対談、講演依頼が増え、執筆に集中する時間が削られていきます。そんな邪魔が入っても、なお一定レベル以上の作品を書き続けなければいけないのです。

かといって、外部と連絡を絶って、ずっと書斎にいたら、いい原稿が書けるわけでもないところが悩ましい。作家にとって大切なのは、執筆環境を整えることです。

物理的なことだけでなく、風水的なことにも気を配ることで、執筆に集中しやすい環境がつくれます。騒音を消すヘッドホンを使ったり、自分の気分に合うアロマを炊いたりというのも気分転換になります。

また、クラウドサービスを利用すれば、原稿が同期できるので、場所を問わず執筆を再開することができます。外のカフェで書くのもいいし、フラッと旅に出るのもありでしょう。

私は、数カ所に書斎を持っていますが、それぞれに違うパソコンが置いてあって、データは自動で同期する設定にしています。なので、机に座って電源を入れれば、すぐに今かかっている原稿の続きがすぐ書けるようになっているのです。移動中の車の中でも原稿が書けるように、パソコンがおけるテーブルも置いています。

ですが、私もそんな理想的な環境が、最初からあったわけではありません。書斎がない頃は、キッチンテーブルで書いていましたし、最初の数作は、ドトール、ガストとロイヤルホストで、書いていました。

執筆のモチベーションを保つために、自分なりの方法を見つけるのがよいと思います。

成果を見える形にすることなんかもいいと思います。一日の目標文字数を設定し、それを達成するたびに記録をつけると、小さな達成感が得られます。これをアプリで管理することで、進捗を把握しやすくなるだけでなく、達成感が執筆習慣の維持に役立ちます。こういう作業自体が面倒くさい人には、あんまりお勧《すす》めできない方法ですが……。

執筆を特別な作業ではなく、日常の一部にすることが、作家として長期的に成功する鍵です。たとえば、特定の時間や場所で執筆するルーティンをつくることで、自然と執筆のリズムが生活に溶け込みます。これにより、書くことが特別な負担ではなくなり、継続する力が身につくでしょう。

「書き続ける力」は、作家としての未来を作る力でもあります。自分自身のペースで執筆を続けることさえすれば、作家として生き残ることができます。

□□女流作家の挑戦――伝統が示す未来……………櫻井秀勲

日本文学史において、女性作家の存在は輝かしい歴史を持っています。

その先駆けとなったのが平安時代に活躍した清少納言と紫式部です。清少納言は、宮中の生活を鮮やかに描いた『枕草子』を残し、その機知に富んだ言葉と洞察力で後世に影響を与えました。一方、紫式部は『源氏物語』という一大叙事詩を創作し、日本文学を世界に誇るものとしました。彼女たちの作品は、千年以上を経た現在でも人々を魅了し続けています。

時代は進み、明治時代には樋口一葉という天才作家が登場します。一葉は明治5年（1872年）に生まれ、わずか24歳で結核により世を去りましたが、『たけくらべ』『にごりえ』『十三夜』などの名作を遺しました。彼女の作品は、当時の社会や人々の心情を深く掘り下げたものであり、いまも文学作品としての価値を失っていません。

一葉が成功を収めた背景には、師匠である半井桃水《なからいとうすい》の存在が大きかったといわれています。桃水は小説家であり、彼の指導により一葉は物語の構成や表現方法を学びました。このように、師匠からの教えが作家としての飛躍に重要な役割を果たすことがあります。

昭和から平成にかけて、平岩弓枝という作家が『御宿かわせみ』で時代小説の新たな境地を切り拓きました。平岩は2023年に91歳で亡くなりましたが、彼女の作品はテレビドラマとしても人気を博し、多くの読者に愛されました。その成功の背景には、師匠である長谷川伸の指導がありました。

長谷川伸は『瞼《まぶた》の母』などで知られる日本で最初の劇作家であり、平岩に「時代小説を書くなら、当時の人々が生きた感覚をつかむことが重要だ」と教えました。

「徳川時代の人々は車を使わず、歩いて生活していた。雨風や夜間の暗さ、季節の移ろいを体感し、それを文章に反映させなさい」という教えは、平岩の作品に深いリアリティを与えました。

平岩は日常生活でも「自宅から○○駅まで何千歩」というように歩数を記録し、作品のリアリティを高める努力をしていたといいます。このようなエピソードは、作家がどのようにして作品に真実味を持たせるかを示す好例です。

現代の女性作家たちが築き上げる文学の未来も、こうした先人たちの挑戦の上に成り立っています。

□□ジャンルを超える挑戦——新たな可能性を探る …………本田 健

作家には、それぞれ得意とするジャンルがあります。小説、エッセイ、ビジネス書、自己啓発書、専門書など、ジャンルによって読者の期待は異なります。一つのジャンルで成功を収めたあと、作家として読者層を広げるためには、新しいことに挑戦することです。

そのためには、まず関心のある分野を調べることから始めましょう。そのジャンルの代表的な作品を読み、読者が何を求めているのかを感じてみるのです。エッセイの分野に進もうと考えるなら、有名なエッセイ集を読んで、表現の特徴や魅力的なエピソードを語る手法を学びましょう。同様に、自己啓発書やビジネス書なら、売れている著者のテーマの選び方、伝え方を研究することで、新しいスタイルの本の執筆ができます。

新しいことをやるときに気をつけたいのは、「自分らしさ」を保つことです。どのジャンルであっても、自分の考えや価値観を作品に反映させれば、一貫性のある魅力的な作品が生まれます。

ビジネス書と小説の両方で成功したある作家は、ビジネス書では実践的なアドバイスを、小説では人間の感情や関係性の繊細さを描き出しました。異なるジャンルであっても、「人間への深い洞察」という共通点が、読者を惹きつけたのです。

□□

観察力の魔法——日常を物語に変える …………櫻井秀勲

作家にとって観察力は欠かせない資質の一つです。日常生活の中に創作のヒントを見つける力が、独自の視点を持つ作品を生み出します。

たとえば、毎日見た風景を簡単に日記に記録したり、興味を持った人との会話をメモすることで、観察力を鍛えることができます。

平岩弓枝は日常的に歩数を記録し、当時の人々の生活感を自作に反映させたように、細かな観察が作品に深みを与えます。

また、作家を目指す人は、優《すぐ》れた作家から学ぶ姿勢を持つことが重要です。勉強会や講演会での交流、名作の分析など、他者からの学びを活かすことで、作家としての引き出しを増やすことができます。

私が編集長時代に出会った高橋洋子という女優が、その一例です。彼女は撮影後に編集部を訪れ、私の椅子に座り、「編集長の椅子に座ると、小説の登場人物の気持ちが少しわかった気がする」と語りました。その後、彼女は『雨が好き』という作品で中央公論新人賞を受賞しました。このように、日常の体験を創作に活かす姿勢が、新たな可能性を開く鍵となることがあります。

作家を志す人にとって、優れた先達から学ぶことは欠かせません。勉強会や講演会に参加する際には、できるだけ早く会場に行き、講師や参加者との交流を深める努力が重要です。私自身、若い頃に多くの大作家の家を訪ね、彼らの思考や文章の書き方を学びました。その経験が現在の私の基盤となっています。

作家が得るべきものは、単なる技術だけではありません。他者から学ぶ姿勢、そして日常生活から創作のヒントを見つけ出す能力が必要です。

作家としての表現には、性別やジャンルの垣根を超えた自由が求められます。文学作品だけでなく、マンガやエッセイ、あるいはその融合といった新しい形の表現にも目を向けるべきです。たとえば、マンガエッセイや写真と文章を組み合わせた作品など、さまざまなスタイルで読者にアプローチすることが可能です。

これからの時代に求められる作家像は、過去の常識にとらわれず、新しい表現や技術を取り入れる柔軟さを持つ人です。ＡＩが普及する現代では、文章の生成にＡＩを活用することも重要なスキルとなるでしょう。ＡＩを道具として活用しつつ、人間らしい感性を作品に反映させることで、未来の読者を引きつける作品を生み出すことができるはずです。

作家を目指すすべての人が、自分自身の経験や感性を活かしながら、新しい道を切り拓いていけることを願っています。その先に、多くの人に愛される作品が生まれることでしょう。

□□愛される作家――未来を切り拓く秘訣……………本田 健

作家デビューできたら、素晴らしいことですが、それは、あくまで始まりに過ぎません。読者に愛される作家になるためには、デビュー後もキャリアを着実に育てる必要があります。出版業界の変化や読者のニーズを敏感に感じながら、自分も進化するのです。

デビュー作が成功した後に直面する課題は「次の一冊」をどうつくるかです。次作がある程度（1年以内）して出てこないと、作家としてのキャリアが停滞してしまいます。

芥川賞をもらった若い作家が、2作目を書けないまま消えていった例は何十とあります。

新しいジャンルやテーマへの挑戦も視野に入れるべきです。同じジャンルに固執することでスタイルを確立する方法もありますが、時にはリスクを取り、新たな挑戦をすることで可能性を広げることができます。フィクション作家がエッセイに挑戦したり、ビジネス書作家が物語形式を取り入れたりするのです。

書き続けることは、作家としての未来を形づくる最も確実な方法です。

書けば書くほど、文章に深みが増し、読者とのつながりも強くなります。

才能の有無よりも、最後まで生き残るのは、書き続けた作家です。どんなときも筆を止めず、自らの言葉を紡ぎ続けることで、新たな物語が生まれていくのだと思います。

第6章の終わりに「もう一言対談」

昔の作家にあって、いまの作家にないもの

本田　第6章では、「過去」と「未来」をつなぐ作家の成長や挑戦についてお話ししてきましたが、時代で「作家という生き方」も変わってきたように感じます。櫻井先生から見て、昔の作家にあって、いまの作家にないものって何だと思われますか？

私が作家としてデビューした頃には、まだ昭和の香りがする編集者がいました。そういう方々から話を聞くと、昭和の作家たちは、どこか危険な匂いや裏の世界の魅力を持つ、面白い人が多かった印象があります。現代の作家には、あまりそういう雰囲気がないように感じるのですが……。

櫻井　たしかに、昔の作家には、独特の「裏の世界」とのつながりを持つ人が少なくありませんでした。

もし本当に作家になりたいと思うなら、そうした世界を怖がらず、自分の中に受け入れる覚悟が必要だと思っています。

作家になるというのは、単に本を書くことではありません。時には一般的な考えや生活を捨てる覚悟が求められるのです。それは、言い換えれば、自分自身のすべてを作品に捧げるということです。

松本清張先生の代表作の一つにあげられる『砂の器』は、ハンセン病患者をテーマにしたものです。この作品を書き上げるために、清張先生は単身、誰にもわからないように、療養所を訪れ、取材をされています。当時、それは並大抵の決意ではできないことでした。しかし、そうした覚悟と行動こそが、真の作家としての力を支えるのです。

本田　原稿を書くときに取材はとても大切で、作家にとっては毎日、出会う人、出会うものがすべて「取材」になると思うほどです。

いまはネットにつながれば何でもわかる、ということはありますが、それだからこそ、自分が実際に見たり聞いたりすることが重要だと思います。清張先生が、そんな過酷な取材をされていたとは驚きです。そうした覚悟があって、『砂の器』のような作品が生まれ、完成したのですね。

櫻井 その通りです。私も『波の塔』という恋愛小説を担当したとき、清張先生と富士の樹海に二人で入った経験があります。互いに赤紐《ひも》をつなげて樹林の中に入ったのですが、途中で紐が足りなくなり、清張先生は「櫻井君とここで死ぬのはイヤだ」と真剣な顔で、私に訴えるのです。これも緊張の極致でした。作家と編集者のあいだには、時にそうした緊張感のあるやり取りが必要です。
ただ一つ確かなのは、作家として成功するための近道は、「そのテーマのプロ」になることです。テーマに没頭し、自分自身の全エネルギーを注ぐこと。それが作家として生き残るための最も確実な道です。

本田 昔の作家の方々は覚悟が違ったんですね。聞いた話ですが、ある有名な先生が、句読点を勝手に編集者に直されたことに激怒して、日本刀を持って出版社に殴り込みに行ったなんてエピソードがありますね（笑）。いまの時代なら即通報されてしまいますが、そのときは、警備の人が知り合いで、「先生、やんちゃしないでください」

と宥《なだ》めてタクシーに乗せて帰したそうです。

櫻井　（笑）それは昭和ならではの話ですね。

句読点の話で思い出すのは、中上健次《なかがみけんじ》（1946―1992年）という作家です。戦後生まれで初めて芥川賞を受賞しました。30歳のときです。生きていたら、もっともっと多くの素晴らしい作品を残したと思いますが、46歳のときに亡くなってしまいました。

この中上健次が、ゲラで、編集者が1カ所、「ここに句点を打つのはどうか」と確認したところ、それについて3日悩んだという逸話があります。

たった一つの句点「。」を入れるかどうかで、それほど悩むなんて、普通では考えられないでしょう。でも、そこまでこだわるのが作家です。

だからといって日本刀で殴り込みにいくのは、もちろんよくないですが（笑）、作家としての真剣さは伝わってきます。

当時の作家は、時に常識を超えた振る舞いをするほど、自分の作品に情熱を注いでいたのだと思います。ただ、現代の作家もまた、別の形で覚悟を示し、独自の世界を築いていくことが求められているのではないでしょうか。

本田　ベストセラー作家の収入も、いまより一桁、二桁多い金額を稼いでいたこともあり、豪快な方が多い印象です。いまは、みんな小粒になったというか、常識的になったというか、普通の社会人として生きている人ばかりですね。

昔の無頼派と呼ばれた作家たちは、コンプライアンスで一発アウトで、デビューもできないかもしれません。

櫻井　作家というのは、もともと稼げない職業でした。いまでは「作家」というのは、一つのステイタスで、だからこそ作家を目指すという人もいるのでしょう。けれども、昭和の男中心の社会では、「作家」といえば、浮ついた遊び人のようなイメージを持たれる職業だったのです。その例外は夏目漱石、森鴎外《おうがい》、谷崎潤一郎といったところでしょうか。永井荷風《かふう》、五味康祐、渡辺淳一は、遊び人のイメージの代表といえます。ただし、それはあくまでもイメージで、実際がそうであったということではありませんが。「作家というのは稼げる商売だ」と世間に知らしめたのは、松本清張先生です。昭和の頃には、職業別の高額納税者の一覧、長者番付が新聞に

1952年、『或る「小倉日記」伝』で芥川賞を受賞した頃の松本清張
（毎日新聞社提供）

載ったものです。

清張さんは、その長者番付の作家部門で、長く1位を維持していました。その所得は、庶民では想像もつかないほどで、たしかに、本田さんがいわれる通り、清張先生はチンピラ編集者時代の私より、三桁多かったといってもいいほどではなかったでしょうか。そこまでいかなくても、いまよりも本が売れる時代で、出版界も活気がありました。

本田　いまは、作家が昔のような破天荒な生き方をするのは難しい時代ですね。それでも、現代の作家なりの覚悟や情熱で、独自の世界を築いていくことが求められるのかもしれません。昔の作家の覚悟や情熱を振り返ると、現代の作家として学ぶべき点がたくさんありますね。私たちもその精神を受け継ぎながら、新しい時代にふさわしい作家像を模索していきたいと思います。

櫻井　時代が変わっても、作家に必要な覚悟は変わりません。そして、未来の作家たちがどんな作品を生み出していくのか、私も楽しみです。

第7章

新たな物語を生む準備

次のテーマをどう見つけるか

□□

時代を見極める目――テーマ選びのヒント

櫻井秀勲

物語を紡ぐ作家にとって、次のテーマを見つけることは、未来への挑戦そのものです。この章では、新たな物語の種を見つけるための視点や方法、そして時代とともに進化する作家の役割について掘り下げていきます。

読者の声に耳を傾け、自身の感性を磨き、日常の中に潜む可能性を探るヒントを共有していこうと思いますが、作家が新たな物語を生む際には、時代のニーズや流行を捉えることです。たとえば、ファッション業界では、ある年にスカートが流行し、翌年にはパンツが人気を集めるように、読者が求めるテーマも常に変化しています。

本の売れ方にはいくつかのパターンがあります。あるテーマが時代に合致し、一時的に大きな人気を博す場合もあれば、季節や特定の出来事によって注目されるものもあります。これを見極めるには、日々のニュースや書店の動向、SNSのトレンドなどを観察することが欠かせません。

「木戸に立てかけせし衣食住（き・ど・に・た・て・か・け・せ・し・衣食住）」という言葉があります。これは「き＝季節」「ど＝道楽」「に＝ニュース」「た＝旅」「て＝天気」「か＝家庭」「け＝健康」「せ＝政治」「し＝趣味」「衣食住」といった話題を指し、日常生活の中でテーマを探る際のヒントになります。このような多岐にわたるキーワードを意識することで、時代にマッチしたテーマを選びやすくなるでしょう。

□□ 次の物語を生むためのヒント――テーマを見つける方法…………本田 健

一つの作品を書き終えた後、多くの作家は次に進むべき方向を模索することになります。この空白の時間は、新たな挑戦への不安や空虚感を伴うことになります。前作がどれだけうまくいっても、いや逆に成功してしまうと、それがプレッシャーになります。次の物語を生み出すために、少し準備期間を持つのは、心の平安のためにも必要でしょう。

この時間を恐れず、自身の視点を見直し、新たなテーマやジャンルを探る機会として捉えることで、次の作品の形が自然と見えてくるのではないでしょうか。

作家自身の成長は、次の物語を豊かにする重要な要素です。執筆を通じて得た学びを作品に取り入れることで、深みのある物語が生まれます。作家としての成長は、作品の質を高めるだけでなく、読者にとって新たな発見や感動をもたらすものとなるでしょう。

本を書くという行為は、未来の可能性を信じることでもあります。新しいテーマや方向性が明確でない時期こそ、小さな行動を積み重ねていくことが大切です。新たな視点を取り入れ、読者との対話を深め、自分の経験を物語に反映させることで、次のステップへの一歩が見つかるはずです。

次の作品がどのような形をとるかは、「準備」と「決意」にかかっています。

□□ タイトルで心をつかむ技術——体言止めと用言止めの効果……櫻井秀勲

俳句には言葉の使い方によって、読者の印象を大きく左右する特性があります。

炎天の　空美しや　高野山

七夕や　髪濡れしまま　人に逢ふ

この二つの句は、それぞれ俳人・高浜虚子《きょし》と橋本多佳子の作品です。前者は「高野山」という名詞で終わり、読者の想像力を広げる静的な印象を与えます。一方、後者は「人に逢ふ」という動詞で締めくくられ、物語が進行するような動的なイメージを生み出します。

この表現の違いは、俳人の作風や読者層の傾向とも深く結びついています。

文学や出版物のタイトルにも、体言止めと用言止めの使い方が大きな役割を果たしています。『風と共に去りぬ』や『誰のために愛するか』といった用言止め（動詞止め）のタイトルは、感情や物語性を強調し、特に感受性豊かな読者層に訴えかけます。一方、『嫌われる勇気』や『伝え方が9割』のような体言止め（名詞止め）のタイトルは、内容の明確さや端的な印象が重視され、多くの人に響きやすいといえるでしょう。

私自身の経験では、動詞止めを活用した『女がわからないでメシが食えるか』という本が、女性読者に大きな反響を呼びました。また、男性向けのタイトルとしては、名詞止めが効果的な場合が多く、たとえば『変な家』のように端的で記憶に残るタイトルが人気を集めます。

タイトルを決める際には、自分の本棚を振り返ることがヒントになります。自身の読書傾向を分析することで、ターゲットとする読者層やテーマに最適な表現を見つけることができます。たとえば、体言止めの本が多い場合は、結論的なタイトルが適している可能性が高く、用言止めの本が多い場合は、感情に訴えるタイトルが効果的でしょう。

書き続けることで広がる可能性――作家としての成長　……本田 健

私は、作家として文章を書き続けることで、想像できなかった機会に恵まれました。初めての本を出版したとき、自分の人生をどれほど変えるか、理解していませんでした。読者に届いた言葉が彼らの人生に影響を与えたことも驚きでしたが、そのおかげでいろんな扉が開きました。

その一つが、講演やセミナーです。本が売れてから、講演をしてほしいという依頼がたくさんきて、話が上手になりました。定期的にセミナーを開催するようになり、コミュニティができたことで、一生つき合えるような仲間ができました。彼らとのやりとりのおかげで、新たな挑戦への意欲が湧き、次々と作品を生み出す原動力となりました。

活動の幅を広げていくうちに、自分の使命を意識し始めました。「お金と癒し」をテーマにしようと考えるようになったのは、作家になって10年経った頃でしょうか。

初めて英語で本を書き、それが世界中の言語に翻訳され、出版されました。いま、毎月のように海外で講演やセミナーができるようになったのも、そのおかげです。海外のテレビやラジオに出演したり、現地の文化人と友達になれたりしたのも、歩みを止めなかったからです。

もし、本を書くのをやめたり、講演やセミナーをやめていたら、こんなに面白い人生にはならなかったでしょう。

作家としての旅路には孤独や挫折もありますが、一人でやる必要はありません。たくさんの仲間が一緒にいれば、その旅自体が喜びになります。たくさんの試練にも出合いますが、それを乗り越えることで、人生に深みが出ます。

人間的に成長することが次の作品を生み、多くの人々に新たな価値を届ける循環を生むことになります。

作家の人生は、終わりのない旅です。書き続けることでしか見つからない発見や喜びが、この旅には詰まっています。そして、その先に、信じられないような素晴らしい世界があるのです。

□□ＡＩと執筆——技術を活かした新しい可能性……櫻井秀勲

現代の執筆環境では、本田さんも書いているように、ＡＩ（人工知能）の活用が進んでいます。ＡＩは、アイデアの補完や文章の修正、さらには創作のヒントを与えるツールとして、多くの作家にとって頼もしい存在となりつつあります。一部の芥川賞作品では、ＡＩが執筆プロセスに部分的に関わった例も報告されています。

もちろん、手書きや従来の方法が持つ魅力も失われていません。私自身、原稿をペンで書いてきた経験を大切にしています。しかし、時代の進化とともに執筆の形が変化していくのは必然です。ＡＩを補助的なツールとして活用しながら、自分自身の感性や価値観を大切にした作品をつくり上げることが、これからの作家に求められるスキルと言えるでしょう。

次のテーマをどう見つけるか――日常からの発見　……櫻井秀勲

新たな物語のテーマは、日常の中に多く隠されています。たとえば、偶然の会話や散歩中の風景、本や映画との出会いなど、どんな瞬間も創作のヒントになり得ます。作家は、自分の感性を研ぎ澄ませ、日常の中で「何か」を感じ取ることが重要です。

また、読者の声も次のテーマを見つける大きな助けとなります。ＳＮＳやイベントで寄せられる感想や意見には、読者が求めるものが凝縮されています。それらの声に耳を傾けることで、次の物語の方向性が見えてくるかもしれません。

作家がテーマを探す過程は、未来を切り拓く準備期間でもあります。この時間を大切にし、積極的に新しい視点やアイデアを取り入れることで、次のステップへと進むことができるでしょう。

書き続けることで未来を切り拓く――作家としてのビジョン……本田 健

作家とは、言葉を通じて時代や社会を変えられる存在です。時代を象徴するような物語を紡ぎ、新たな未来を描くことで、人がどう生きていけるのかを示すことができます。作品を通じて、読者に寄り添い、問いかけ、その人のものの見方を変える力を持っています。

作家の道を歩む上で、言葉は単なる表現手段ではありません。それは、自己を深く掘り下げる道具であり、読者や社会との対話を深める架け橋にもなります。

作家が生み出す言葉は、「いま」という瞬間を超えて、次世代の読者に届き、時代をつなぐ役割を果たします。その影響力は、決して一過性のものではなく、未来を形づくる一部となるのです。

執筆には、孤独や挫折が伴います。それでも書き続けることで得られる発見や喜びは計り知れません。

作家が言葉を磨き続ける姿勢は、そのまま読者にとっての信頼となり、共鳴を生む源泉となります。作家にとって求められるのは、技術やトレンドに振りまわされるのではなく、自分自身の言葉を信じ、それを大切に育てていく姿勢です。

作家は、読者とともに成長する存在でもあります。

作品を通じた対話やフィードバックを受け取りながら、読者の心に寄り添い、新たな作品を生み出していく。その過程は、作家自身の成長を促すと同時に、読者とともに未来を創る営みでもあります。

どんな人の人生にも、語るべき物語があるはずです。

それは、家族の物語かもしれないし、仕事の物語かもしれません。自分の体験した出会い、癒し、恋愛、病気など、人生の転機になったようなことです。

そういうことを思い出して、実際に書いてみることこそが、作家という生き方の第一歩になります。自分の人生の物語を書くことは、「過去の自分」を整理することにつながるし、癒しにもなり得ます。また、それをまわりの人とシェアすることで、自分のことを知ってもらうことができます。より深く理解してもらえるようになると思います。ごく身近な友人や家族も、知らなかったようなことがあるものです。それを当時の感情と共に書き出してみる。それが、きっと誰かの役に立つ物語になります。

どの時代でも、作家が次の物語を生みます。

この本を読んでくださった皆さんに、新しい挑戦への道筋が見えたならば、著者として、一人の作家として、こんな嬉しいことはありません。

第7章の終わりに［もう一言対談］

「書けなくなるとき」を作家はどう乗り切るか

本田　第7章では、これから、どんなテーマを書いていくのか、そのテーマをどう選んでいくのかということをお話ししましたが、ここでは「書けなくなるとき」について、櫻井先生にお話をお聞きしたいと思います。

先生が編集者時代、芥川賞や直木賞をとったような作家を多く担当されたわけですが、そんな作家の先生方でも、「書けなくなるとき」というのはあったのでしょうか？

櫻井　大衆文芸誌「面白倶楽部」の編集部にいたのは、6～7年だったと思いますが、その間に担当した作家は、数十人といったところでしょうか。月刊誌でしたから、年に12冊で、担当する作品は一冊で、多くても2～3本です。人気作家や連載の場合には、毎月掲載されても1作品の作家は一人ですから、担当する作家の人数は、それほど多くはありません。
特に私は、最初から松本清張、五味康祐、山田風太郎といった作家を担当して、すぐに人気の作品ばかりとなったので、新米編集者の割には、恵まれていたかもしれません。つまりは、「書けなくなった作家」というのは、いませんでした。
作家が書けなくなるときというのは、どんなときかということを強いてあげるなら、病気のときで、そのときにはしかたありませんよね。

本田　大作家でも、原稿の〆切に追われて、結局、原稿が書けないで苦し紛れの言い訳をされていたということがありますよね？　そういうこともなかったのですか？

櫻井　〆切に間に合わない、ということはもちろんあります。でも、正しくいうなら、どんなに遅れても、ギリギリの〆切には間に合わせるのが編集者の仕事です。
当時、原稿は、作家の先生の家に、編集者がいただきにあがるのです。約束の時間にうかがっても、まだできてないことはよくあることで、書き上がるのを、そのまま朝まで待つということも、それは、当時の文芸誌の編集者には日常茶飯事のことでした。

人気作家の場合は、待っている編集者が何人も控えていて、書き上がった順にいただいて、社に戻り、印刷にまわします。それでは間に合わないということもあって、そのときには、印刷所にある原稿を書くための部屋に、作家の先生をつれてきて、それこそ原稿用紙一枚一枚、できたものから組み版にまわすわけです。

私は『火宅《かたく》の人』などで知られる檀一雄《だんかずお》先生の担当でもありましたが、一度、檀先生にも印刷所のその部屋に来ていただいたことがあります。

その部屋には、もちろん担当編集者が張り付くわけですが、突然、檀先生が立ち上がって、「ふと見上げれば！」と声をあげたのです。

私がきょとんとして先生を見上げていると、先生は、「櫻井君、何をしているんだ！君が書くんだよ」というではありませんか！

つまりは、口述筆記しろ、というわけです。私は慌ててペンを走らせましたが、先生は、まるで原稿がそこにあるかのように口述されたのには、内心驚きました。

松本清張先生が私に、新しい短編を聞かせるときもそうなのですが、原稿は、書いていなくても、頭の中にはすでにあったのです。それも一字一句違《たが》わずです。

本田　〆切に間に合わないというのは、アイデアが湧かなくて書けないからだと思っていましたが、書く時間がないだけで、書けないわけではないということもあったわけですね？

櫻井　書きたくても書けない、ということもないわけではありません。引き受けたテーマが、自分には合っていなかったという場合には、書けないということもあります。引き受けたときには、書けると思っていたのが、書いているうちに、これは違う、と思ったら、作家は書けなくなってしまいます。

本田　世界中のベストセラー作家が「ライターズブロック」と呼ばれるスランプにやられています。私も例外ではなく、アメリカから日本に帰ってくるとき、その状態になりました。

そのときは、「誰でも幸せに豊かに生きられる」というメッセージを出しながら、現実的には難しいという、当たり前の現実に気がついて、自分の中で矛盾を感じてしまったのです。

櫻井　本田さんは、檀一雄や松本清張と同じく、すでに原稿が頭の中にある作家だと思いますが、そんな本田さんでも、そうした経験があったんですね。届けたいメッセージがあるから、作家はそれを言葉にするわけですが、たいていの場合は、それは新しい方法の提案です。現実には、それができていないから、あるいは、そうなっていないから、そのメッセージが必要なのですが、その現実がいつまでも変わらないという現実に、虚無感に襲われるということがあるのでしょう。

本田　作家の中にはテーマが次々に変わる人もいますが、人生を通して一つのテーマを追いかけている人が多いように思います。そのテーマが幸せなものならともかく、自分の中の葛藤を作品にする場合、その葛藤と24時間向き合わなければならない。そういったことを続けていると、精神的に病んでしまうということはあると思います。会社員であれば、たとえば月曜日から金曜日、多少残業があったとしても、休めるときはあるでしょう。自営業の人ならわかると思いますが、自営業になかなか休みはありません。もし、たまに休みを取ることがあっても、資金繰りや次のビジネスの展開、取引先とのトラブル、人事、人間関係でうまくいかないことなどなど、頭を悩ますことがたくさんあります。同時に、仕事だけが人生でありません。

親の介護や子どもの進学、自分の夫婦関係のこと、あるいはこれからの人生の方向性、恋人とのトラブル、健康の不安など、その人の執筆を邪魔するきっかけといえば、そりこそキリがありません。そういった執筆に対する抵抗、あるいは邪魔が入るときに、それを上手にかわせる人は、そもそも作家になんかなりません。

作家になるような人は、どちらかというと少し人間関係が苦手で、その葛藤を抱えながらも、それを上手に言語化していける人です。つまり、決して、その問題を解決するのが得意というわけではありません。いわゆる不器用な人たちが多いわけで、その不器用さを読者の人たちは愛するのです。

自己啓発の作家はいろんな問題を解決するのが得意なので、文芸の作家とは違いますが、それでも自分の人生の問題にやられてしまうことはよくあります。

櫻井　たしかに、作家になるような人は、不器用な人が多いというのは、その通りでしょう。だからこそ、多くの人が抱える悩みにもフォーカスできるわけです。

それを言語化できる人は、複眼的視点を持っている人です。

複眼的視点とは、悩みを抱えている自分がいるとしたら、そんな悩みを抱えている自分を見ている、もう一人の自分がいる、ということです。前で私は、主人公になれる人が作家になれるとお話ししましたが、それだけでは不十分でしょう。小説では、主役もいれば脇役もいます。主役から見た話の展開と、脇役から見た話の展開は同じですが、視点は違えばサイドストーリーは変わってきます。どれだけの視点が持てるか。複眼的視点を持てれば、「原稿が書けないプレッシャー」からは逃れることができるかもしれません。

本田 原稿が書けないプレッシャーということでは、たとえば、なにかの文学賞をとったり、出版した本が10万部以上のベストセラーになったりしたときに、「次の本が書けない」ということがあるようです。まわりから期待されて、それまで以上のものを出さなければいけないと思うと、そのプレッシャーに潰されてしまうのですね。

櫻井 芥川賞をとったあとの松本清張先生も、「次回作」で苦しんだ作家の一人といってよいかもしれません。松本清張は、1952年9月に刊行された「三田文学」で発表した『或る「小倉日記」伝』で、芥川賞を受賞しました。それは1953年に単行本で出版されました。その年には、いくつかの連載も始まり、書籍も出版されていますから、「書けない」という状態ではありませんでしたが、私にいわせれば、芥川賞を受賞した作品に匹敵するようなものは出ていませんでした。

ところが、「文藝春秋」1953年8月号で短編『菊枕』が掲載されます。私はこれを絶賛しました。その絶賛を、清張さんはとても喜んでいましたが、それは先生ご自身が、私と同じ思いだったからです。原稿は書いていても、自分では満足していなかったのです。それが『菊枕』は別格だった。その手応えがあったのでしょう。それを「櫻井君はわかってくれた」となったわけです。20歳も下の、それも編集者になったばかりの私を信頼してくれたのは、このときからではなかったかと私は思っています。

『或る「小倉日記」伝』から『菊枕』までは1年余の時間が経過しています。あとになってみれば、たった1年ですが、作家にとっての「満足のいくものが書けない1年」というのは、それこそメンタルがやられてしまうほどのつらい時間だったでしょう。

本田　あの松本清張先生でさえ、そんなときがあったというのは、親近感を感じるというのは失礼かもしれませんが、でも、ちょっと嬉しい(笑)。どんな作家にも、スランプというのは起こるものなんですね。書けなくても大丈夫という気分になりました。ライターズブロックも、原稿を書けないプレッシャーも、自意識過剰が原因なのでしょうね。自分の本が10冊くらい出て、100万部を超えたら、ちょっと売れた気分にもなりますが、そんなときこそスランプになりやすい時期！　かもしれません。大切なのは、プレッシャーを受け入れながらも、その先にある「自分が本当に伝えたいもの」に目を向けることでしょうか。それこそが、作家としての挑戦であり成長につながる道なのでしょう。

「作家という生き方」をテーマに、櫻井先生とお話しさせていただきました。この時間はあっという間でしたが、先生が歩まれた出版界の歴史を垣間《かいま》見ることができ、とても貴重な経験でした。それこそ、世界一周の旅行を終えたような気分です。

しかし、世界一周の旅と違うのは、ここがゴールではなく、これからの出発地点だということです。この本が、これから作家を目指す人、本が好きな人、あるいは生き方に悩んでいる人たちにとって、新たな生き方を考える灯台のような役割を果たしてくれると信じています。

少なくとも、私には、そう思える一冊になりました。

先生とお話ししていると、三島由紀夫や松本清張といった歴史に残る大作家が、とても身近に感じられます。そして、素晴らしい大先輩の作家の列に、私たちも並んでいることに、気づかされます。そんなはずがないと思いながらも、ドキドキしている自分がいます。

そんな歴史の流れを見せていただいた櫻井先生に、心から感謝して終わりたいと思います。櫻井先生、本当にありがとうございました。

櫻井　こちらこそ、ありがとうございました。本田健さんとの、この一冊、この時間、作家としての自分がムクムクと動き出して、新しいプランがいくつも湧いてきました。まだまだ死ねそうにありません（笑）。

おわりに──

作家という生き方を生きるために

櫻井秀勲

最後までこの本をお読みいただき、ありがとうございます。

本書を通じて、「作家という生き方」について本田健さんとともに多角的に語ってきました。この本をきっかけに、作家を目指す気持ちが芽生えたり、すでに作家として活躍されている方に新たな視点をお届けできたのなら、これ以上の喜びはありません。

私が出版業界に入って、70年以上の歳月が経ちました。

初めて、「作家」と覚しき人に出会ったのは、私が14歳のときでした。その経緯については拙著『太宰治との奇跡の四日間』に書いていますが、戦後まもなくの頃で、薬も手に入らない環境の中で、両手のひらの皮膚病を治しに訪ねた温泉旅館に、その人もまた宿泊していたのでした。

14歳の少年にとっては、中年のおじさんに見えましたが、私が一人で来ているのを知って、退屈だろうと、自分の部屋に遊びに来るように誘ってくれたのです。

テレビもゲームも、もちろんパソコンもスマホもない時代です。持ってきた本にも読みあきていた私は、ちょっとドキドキしながら、その人の部屋を訪《たず》ね、それから迎えの兄が来るまでの四日間のほとんどを、そこに入り浸ったのでした。

その人は特に名乗ることもせず、私は聞かれるまま話をしましたが、その部屋の文机《ふづくえ》には、何も書かれていない原稿用紙の束があって、なんとなく、「この人は本を書く人なんだろう」と思いました。

私は子どもの頃から本が好きでしたから、おぼろげに自分も書く人になれたらいいな、と思っていました。そんな話もしたのでしょう。

するとその人は、「出版社という会社もあるんだよ」ということを優しく教えてもくれました。私は初めて、本は「出版社という会社でつくっているんだ！」という知識を得たのでした。

そのことがあって、おそらく私は「文章を書く仕事」「文章に関わる仕事」をしていきたいと認識したと思います。ここで「おそらく」というのは、もう80年前のことなのと、私にとっては、自分の人生に文章がある、という日常が、あたりまえになりすぎているためです。

正確にいうなら、私の90年余の人生は、作家と共にありました。仲間と起ち上げた祥伝社を辞めて、松本清張先生との約束を果たすべく、54歳で独立しました。自分としては、編集者をやめたつもりはなく、実際に、全国の図書館に納めるための本として「大活字本シリーズ」などの編集にも関わりました。

「大活字本シリーズ」というのは、それこそ松本清張、川端康成、三島由紀夫、江戸川乱歩、山岡荘八、赤川次郎、宮本輝、小池真理子などなど、私が、交流のあった作家たちの名著というべき作品を、高齢者向けに大きな活字で組み直し、編集したものです。シリーズの著者、作品は、すべて私の交渉によるものでした。いま、書棚のそのシリーズを見るだけで、自分がいかに多くの作家たちとつき合ってきたか、ということを感謝とともに思い知るのです。

そんな編集者としての仕事の傍ら、55歳からは、自分でも原稿を書き、80歳になる頃には、200冊を超える本を出版させていただきました。

作家とはどうあるべきか、ということを、それまでにおつき合いをさせていただいた作家の先生たちから学びました。

編集者という立場で、多くの作家たちと知り合い、書き様、生き様を目の当たりにしてきました。

私はよく、「君たちは、いま歴史の中にいる!」ということを若い人たちに話しています。

日常というのは、昨日から今日、今日から明日というふうに、坦々と過ぎていきます。

もちろん、時には思い悩んだり、あるいはその反対に舞い上がるような嬉しい気持ちになったりということもあるでしょう。いろいろな人との出会いもありますが、そのひとつが、じつは「今日《こんにち》」という歴史の中にあるのだということに大抵の人は気づきません。

どんな高名な作家も、無名の頃があったのです。いま目の前にいる人が、次代の有名作家かもしれません。その意味では、編集者というのは、その歴史を見ることのできる数少ない職業かもしれません。

三島由紀夫先生の最期は、壮絶なものでした。

私はその日、市ヶ谷自衛隊での事件の報せが届いても、すぐに駆けつけることのできない状況にありました。駆けつけたときには、もうすべては終わっていたのです。

私が三島先生と親しかったことを知って、多くの方々から、「あのとき何を感じたか、どう思ったか」を聞かれることがあります。

何を感じたか？

それを言葉にするなら、どんなに言葉を尽くしても足りないような気もすれば、どんな言葉にもできないようにも思いますが、担当編集者としていえることは、編集者として、作家がやりたいと思ったことは叶える。そのためにできることをするのが、自分の仕事だと思っています。

だから、私が担当していた作家、それはつまり、心から尊敬しているということですが、その作家が考えたこと、すると決めたことに、自分の意見などないのです。

すべてを受け入れる。

それがどんなにつらいことであっても、受け入れるだけです。

三島先生を思うとき、先生がいつも笑顔で、6歳下の私を弟のように接してくれたことには感謝しかありません。

今年は奇しくも、三島由紀夫の生誕100年、没後55年の年にあたります。

94歳になった私は、それほど遠くなく、また三島先生に会えるのではないかと思いますが、お役目があるうちは、もう少しがんばっていこうと思っています。

編集者として、お世話になった作家の先生は数えきれません。

そして私は82歳で、きずな出版を起ち上げました。

ふつうなら疾《と》うの昔に引退している年齢ですが、それに抗《あらが》って、というよりは、案外、自然な流れで、新しい出版社を興すことができ、また、それが創業12年、今年で13年目を迎えられたのは、ビジネスパートナーである岡村季子さんのおかげです。

私は女学の神様と呼ばれたこともありますから、女性を見る目には自信を持っていますが、それをもってしても、想像できなかったほどの力を彼女は発揮してくれました。

編集者というのは、もともと編集者になりたかった、作家になりたかった、という人が多いのですが、岡村さんはそうではなかったようです。

アルバイトでたまたま入った会社が出版社で、そのまま就職しました。総務部で社長秘書をしていたところから、32歳で編集部に異動になります。

そしてちょうど40歳になる年に、この本の共著者である本田健さんの代表作の一冊『ユダヤ人大富豪の教え』の担当編集者になります。

奇しくも私の担当編集者になったのも同時期で、それはもう20年以上前になるわけですが、いま、タイムマシンに乗って、当時の私たちに会いに行ったとしたら、果たして、いまの状況を信じてもらえるかどうか。

長く出版界に籍を置いていても、雑誌社は一回つくりましたが、自分で書籍の出版社をつくろうとは思いませんでした。そのチャンスがなかったということはありません。けれども、人生はタイミングであり、それこそが運命です。

岡村さんという人がいることで、私はきずな出版を起ち上げることができたし、岡村さんにとっても、それは同じでしょう。もちろんそこに、本田健さんという作家の存在が大きかったことはいうまでもありません。

私はこれまでに数え切れないほどの作家たちとつき合ったということを前でお話ししましたが、編集者として、編集長として、また作家として、数え切れないほどの編集者にも会ってきました。でも私が女性で、真の編集者と認めているのは3人しかいません。岡村さんはその一人です。

この本の最後にお伝えしたいことは、この本を読んで、作家になりたいと思ったとしたら、その願いの灯を消さないでください。

すぐには叶えられなくても、その灯を消しさえしなければ、いつかその道は開かれると私は信じています。

そして、作家になったら、この本の中にも書いているように、信頼できる編集者を得ることです。

人にはみな、なにがしかの役目があるものですが、会社にももちろんあります。

きずな出版というのは、信頼できる編集者のいる出版社です。私と岡村さんがつくった出版社ですから、そうであってもらわなくては困ります。

そのために私の役目もまだまだあるわけですが、いい編集者がいるところには、必ず、いい作家がいます。もちろん、いい読者が集まります。

この本を最後まで読んでいただいたことに、心から感謝申し上げます。

◎著者紹介

本田 健（ほんだ・けん）

神戸生まれ。2002年、作家としてデビュー。代表作『ユダヤ人大富豪の教え』『20代にしておきたい17のこと』など、累計発行部数は800万部を突破している。2019年、初の英語での書き下ろしの著作『happy money』を米国、英国、豪州で同時刊行。これまでに32言語50カ国以上の国で発売されている。現在は世界を舞台に、英語で講演、執筆活動を行っている。

櫻井秀勲（さくらい・ひでのり）

1931年、東京出身。東京外国語大学を卒業後、光文社に入社、大衆小説誌「面白倶楽部」に配属。当時、芥川賞を受賞したばかりの松本清張、五味康祐に原稿を依頼。二人にとっての初めての担当編集者となる。以後、遠藤周作、川端康成、三島由紀夫など、文学史に名を残す作家と親交を持った。31歳で女性週刊誌「女性自身」の編集長に抜擢され、毎週100万部発行の人気週刊誌に育て上げた。55歳での独立を機に、作家デビュー。82歳できずな出版を起業。94歳の現在、著作は220冊を超える。

作家という生き方

2025年4月10日　初版第1刷発行

著　者　本田 健　櫻井秀勲

発行者　岡村季子

発行所　きずな出版
東京都新宿区白銀町1-13　〒162-0816
電話03-3260-0391　振替00160-2-633551
https://www.kizuna-pub.jp/

印　刷　モリモト印刷

ブックデザイン　福田和雄（FUKUDA DESIGN）

ISBN978-4-86663-271-1

きずな出版